魔法の万能調味料
料理酒オイル

いつもの料理が突然プロの味！感涙レシピ100

JN005814

料理芸人
クック井上。

ダイヤモンド社

料理酒オイル

とは、

料理酒と油を

4：1で混ぜただけの

魔法の万能調味料

SHAKE!

油
1

料理酒
4

振って、混ぜて、料理に使う!

料理酒オイルを
使うだけで、

炒飯はパラっと
ほぐれるように！

炒め物は
シャキシャキに！

もちろん餃子も
うまみがジュワっ！

ハンバーグも
肉汁ジューシーに！

おうちの料理が突然、「プロの味」になります！

≫ 料理酒オイルの「魔法効果」はP14〜25に
魔法の理由はP26に！

はじめに

　こんにちは。「料理芸人」、「餃子芸人」とも呼ばれるクック井上。です。本書を手にとっていただきありがとうございます。

　料理好きの両親の影響で幼稚園時代から「食べること」も「作ること」も大好きだった僕は、これまでに数々の「町の名店」を食べ歩き、プロの料理人の手元を見てはその味を自宅で再現できないものかと日々、研究してきました。

　その中で僕が発見した世紀の大傑作（！）が魔法の万能調味料「料理酒オイル」です。

　中華の料理人は、強い火力で熱した中華鍋に、油やお酒や調味料を入れて高温のスチームで一気に具材に火を通しシャキシャキの炒め物を作ります。ただ、これを家庭で再現するのは、なかなか難しい。

　そこで思いついたのが、最初からお酒と油を混ぜておくこと。沸点の低い料理酒と、油を最初から混ぜて使うと鍋の中で高温のスチームが発生し、家庭のコンロでも、ワザいらずで中華屋さんのシャキシャキ炒めができることを発見したのです！

　さらにこの「料理酒オイル」、実は炒め物ばかりでなく、和洋中問わず、すべての料理をレベルアップする"万能"調味料であることもわかってきました。

　酒と油の相乗効果で、肉も魚も、食感／ジューシーさ／香ばしさ／コク／ツヤ／照りなどのレベルが爆上がりし、今までの家庭料理がたちまち名店レベルに変わります。

　べちゃっとしかできないと諦めていた野菜炒めは、突然、町中華のシャキシャキ食感に早変わりし、ボソボソのハンバーグは肉汁たっぷりの洋食屋さんの贅沢な味わいに大変身。「外食よりも家の料理のほうがおいしい！」と、家族も大満足。まさにふりかけるだけで、すべてが魔法のように変わるのです。しかもこの魔法は一生もの！

　まずは騙されたと思ってP14〜23の基本の魔法効果が実感できるレシピを試してみてください。出来上がった料理を一口食べた瞬間から、僕がそうであるように、料理酒オイルを生涯手放せなくなるはずです。

本書の料理撮影では、クック井上。自宅のキッチンで本人自ら全部調理！ ごく普通の家庭用コンロで、プロはだしな料理が次々に出来上がっていくのはまさに料理酒オイルの魔法の力！

目次

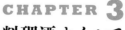

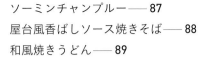

Column

CHAPTER 4
料理酒オイルで
「まるで居酒屋」
なレシピ 73

Column

CHAPTER 5
料理酒オイルで
無国籍創作料理 91

この本の使い方

＊本書はガスコンロを基本としています。IHクッキングヒーターの場合は、少し時間を長めにするなど調整してください。

＊電子レンジの加熱時間は600Wのものを基準にしています。

＊フライパンは直径26〜28㎝を推奨しています。

＊加熱時間等は目安です。ガスコンロの性能や鍋の大きさなどによって変わりますので調整してください。特に、肉などに火が通っているか、アルコールがとんでいるかなど確認してください。

＊材料の分量に、個数とｇ数が併記してある場合は、ｇ数が正確な分量です。個数は参考にしてください。

＊肉は「薄切り」とある場合、「こま切れ」でも代用できます。

＊バターは有塩タイプ、卵はMサイズ（Lサイズの場合はM3個に対して2個）、トマト缶はカットトマト缶、めんつゆは3倍濃縮を使用しています。

＊しょうがやにんにくは手軽さを考えてチューブを使用していますが、もちろん生でもOKです。なおチューブ調味料は「みじん切り」タイプがおすすめです。

＊添え物の野菜は材料に記していません。また、調理の過程で竹串やアルミホイルなどが必要となる場合もあるので、作り方にまず、目を通してください。

＊特に記載がない場合、野菜類は洗って皮をむいたりヘタをとったりするなどの下処理をすませてからの手順です。

＊合わせ調味料の**A**、**B**などはあらかじめ混ぜておくと手早く作れます。

＊白だしやめんつゆなどの調味料はメーカーによって味が異なります。味見をしながら自分好みの適量を見つけてください。

＊すべてのレシピは、必ず最後に味見をして、味が薄ければ塩やこしょうなどで好みの味に調整してください。

＊本書のレシピには、料理酒が多く使われています。加熱により十分にアルコール分がとんでいれば問題ありませんが、お酒に敏感な方は注意してください。

＊レシピの材料表欄にある「料理酒オイル」とは、料理酒とサラダ油を4：1の割合で合わせたものです。作り方についてはP12〜13をご参照ください。

P14、P16、P25、P34、P88の ＼動画あり／ マークのついている料理の作り方はQRコードから動画で見られます。

CHAPTER 1

味の違いに超ビックリ！

「料理酒オイル」の 作り方と使い方

ワザいらずで料理の腕が3ランクぐらいアップする「料理酒オイル」。
混ぜるだけですぐできるから、
まずは作って、その驚きの効果を体感してみよう！

料理酒オイルの
作り方は？

料理酒オイルは
なんですごいの？

料理酒オイルは
どう使うの？

まずは料理酒オイルを作ってみよう!

用意するものは、キッチンによくある料理酒とサラダ油、そして、保存容器だけ。

基本の料理酒オイルの作り方(作りやすい分量)

用意するもの

・清潔な保存容器

(100均の調味料ボトル、ペットボトルなど)

振って混ぜることが できて、注ぎ口が
細いものが 使いやすい。振ったら乳化
しているうちに使いたいので、すぐに蓋
が開けられるものがベスト!

・料理酒···200mL

ラベルに「醸造調味料」と書かれている
ものが料理酒。お酒に食塩や糖類などが
加えられ、調味料として販売されている
ため、清酒より安価です。

・サラダ油···50mL

(または米油、キャノーラ油など)

サラダ油など、香りや味にクセのない油
なら何でもOK。オリーブオイルも香り
が気にならないものなら使える。

作り方

料理酒200mLと
サラダ油50mLを
保存容器に入れるだけで
できあがり！

できあがり！

料理酒オイル　Q&A

Q「料理酒」ではなく「清酒」では作れないの？

A「料理酒」には米こうじに加え塩分や糖類などが最初から入っているのがポイントで、本書のレシピは料理酒で作った「料理酒オイル」を使っています。清酒でも作れますが、その場合は、塩やうまみ調味料などをプラスしてください。

Q どこに保存すればいいの？

A 冷蔵庫に入れておくと安心です。

必ず数回、
振って混ぜてから
使ってね！

目分量で、
料理酒とサラダ油が
だいたい
4：1になってたら
OKだよ！

早速
料理酒オイルを使ってみよう！

料理酒オイルの魔法効果 1
炒め物がシャキシャキに！

今までの100倍ウマい！
絶品！肉もやし炒め

\ 動画あり /

材料 （2人分）
- もやし── 1袋（200g）
- キャベツ── 1/2枚（30g）
- 豚バラ肉（薄切り）── 30g
- ごま油── 小さじ2
- 料理酒オイル── 大さじ1

A
- にんにく（チューブ）── 1cm
- 醤油、鶏がらスープの素（顆粒）、水 ── 各小さじ1
- こしょう── 少々

材料が多い時は、ボウルやザルに重ねて一気に裏返して入れるとラク。

この場合は、下からキャベツの芯→キャベツの葉→もやしの順で重ねる。

作り方

1 キャベツの葉は幅1cm長さ5cmに、芯は斜め薄切りにして、葉と芯を分ける。豚肉は幅1cmに切る。

2 フライパンにごま油をひき、強火で肉を色が変わるまで炒める。肉の上に、キャベツの芯→キャベツの葉→もやしの順に重ね、もやしを平らに広げて料理酒オイルを回しかけ、1分弱放置。

3 トングで具材の天地を返し、30秒放置する。**A**を加え、素早く全体を混ぜる。味をみて、塩（分量外）で味を調える。

Aの代わりに、塩、こしょうの味付けだけでも絶品です！

POINT 炒め物の基本

肉を炒めたら、その上に、火をよく通したい具材の順（≒かたいもの→やわらかいもの）に重ねる。

料理酒オイルを回しかけたら、動かさず放置！

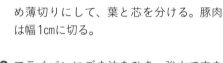

トングで具材の天地を返し（一番下の肉が上に、上のもやしが下になる）、30秒放置。

調味料を加えたら、全体をさっと混ぜ合わせる（フライパンをあおれる人はあおってもOK）。

家庭のコンロでこんなに本格的な
炒め物ができるなんて（驚）

料理酒オイルの魔法効果 **2**

炒飯や焼きそばが しっとりパラパラに!

鍋をあおれなくてもできる!
最強炒飯

\動画あり/

材料 (2人分)

- ご飯——お茶碗大盛り2杯分(400g)
- 卵——2個
- 冷凍むきえび——10尾
  （下処理をしておく。**POINT1** 参照）
- チャーシュー(ロースハムでも可)——50g
- なると(かまぼこでも可)——薄切り4枚(30g)
- ねぎ——10㎝
- サラダ油、料理酒オイル——各大さじ1
- 塩——少々
- **A** ・醤油、鶏がらスープの素(顆粒)、
      ごま油——各小さじ1
    ・こしょう——少々

作り方

1 器に卵を割って塩を加え、さっと混ぜる。ねぎは
みじん切り、チャーシューとなるとは5㎜角に切る。
下処理したえびは、電子レンジで1分加熱する。

2 フライパンにサラダ油をひき、強火にしたら溶き
卵を入れ、半熟になったら温かいご飯を加え、ヘ
ラなどで軽くほぐしたら、料理酒オイルを回しか
ける。さらにほぐしながら全体を混ぜ合わせる。

3 えびとチャーシューとなるとを加えてひと混ぜし、
鍋肌から**A**を入れ、ねぎを加えて混ぜ合わせる。
塩(分量外)で味を調える。

> 冷凍シーフード
> の下処理はすべ
> て共通。

> 白身を切りすぎ
> ないように!

POINT 炒飯の基本

冷凍えびは、50℃ぐらい
のお湯で洗って水気をふき
とり、料理酒オイル大さじ
2(分量外)をかけてなじま
せておく(P41、P47、P51、
P57、P71、P106でもこの
ワザを使用)。

料理酒オイルを入れたら、
ヘラかお玉で軽く押さえる
ようにしてご飯をほぐす。

> 焼きそばも料理酒オイル
> を使うとしっとりパラリ
> と絶品に!(P88参照)

しっとりしているのにパラっと
ほぐれる中華屋さんの炒飯に!!

料理酒オイルの魔法効果 **3**

ひき肉料理は肉汁がジュワーっ！

肉汁じんわり
超絶美味ハンバーグ

材料 （4人分）

・あいびき肉―― 500g
・玉ねぎ―― 大1/2個（150g）
・料理酒オイル―― 大さじ5
・塩―― 小さじ1
・小麦粉（パン粉でも可）―― 少量
・サラダ油―― 小さじ2
・水―― 2/3カップ

A
・卵―― 1個
・パン粉―― 1/2カップ
・とんかつソース、
　　ケチャップ―― 各小さじ2
・こしょう（あらびき）―― 小さじ1
・ナツメグ―― 5振り

B
・赤ワイン―― 100cc
・とんかつソース、
　　ケチャップ―― 各大さじ1
・醤油―― 小さじ1
・インスタントコーヒー
　　―― ひとつまみ

作り方

1 玉ねぎは細かいみじん切りにする。

2 ボウルにあいびき肉・料理酒オイル・塩を入れて
よく練り、**1** と **A** も加えてさらに練る。4等分に
して空気を抜きながら小判形に成形し、真ん中
を少しくぼませる。表面に少量の小麦粉（または
パン粉）をまとわせる。

3 フライパンにサラダ油をひき、強めの中火で、ハ
ンバーグを両面それぞれ2分ずつ蓋をして焼いた
ら、水を加え、さらに蓋をして6分加熱。蓋を取
り、水分が残っていたら強火でとばしハンバーグ
を取り出す。

4 キッチンペーパーでフライパンの余分な油をふき
とったら、**B** を加えてゴムベラでフライパンの
底の焦げをこそぎながら強火でトロっとするま
で煮詰めてソースを作り、ハンバーグにかける。

POINT ひき肉料理の基本

最初は、ひき肉に塩と料理
酒オイルだけを入れて練る。

塩と料理酒オイルだけでこ
のくらいまでよく練れたら、
他の調味料や材料も加え、
さらに練る。

ジューシーな肉汁あふれる
ハンバーグは老舗洋食屋さんの味！

肉が
しっとりやわらかに！

サクっ、しっとり、うまみあふれる！
奇跡の唐揚げ

材料 （2人分）

・鶏もも肉── 1枚（280g）
・料理酒オイル── 大さじ1
・揚げ油（サラダ油）── 適量（鶏肉がひたひたにな
　　る程度。直径26cmのフライパンに2cmくらい）
・片栗粉── 大さじ1〜2

A
・しょうが（チューブ）── 5cm
・にんにく（チューブ）── 2.5cm
・醤油、ポン酢── 各小さじ1と1/2
・鶏がらスープの素（顆粒）── 小さじ1
・砂糖、こしょう── 各小さじ1/4
・片栗粉── 大さじ2
・塩── お好みで少々
・レモン── お好みで

作り方

1 鶏肉はフォークで穴を開けた後、8等分に
切る。ポリ袋に鶏肉と料理酒オイルを入
れ、15秒もみ込む。**A**を入れてさらに15
秒もみ込んだら肉を取り出し、片栗粉を
薄くまとわせ5分ほどなじませる。

2 フライパンにサラダ油を入れ、強火で1分
ほどしたら、**1**の肉を皮目を下にして入
れる。

3 2分たったら裏返して2分強加熱し、再度、
皮目が下になるよう裏返し1分弱揚げる。
お好みで塩やレモンを添える。

POINT 揚げ物の基本

最初はポリ袋などに肉と料
理酒オイルだけを入れても
み込む。

その後、他の調味料も加え
て、さらにもみ込む（1時間
ほど漬け込むとよりおいし
い）。

安いお肉もまるで
高級地鶏のようにプリっと！

21

煮物や汁物が「こくウマ」に！

主役級の味わい
珠玉の豚汁

[材料] **ひと鍋分**（直径22cm程度）

- ・豚バラ肉——100g
- ・大根——3cm（50g）
- ・蓮根——1/5節（50g）
- ・にんじん——5cm（50g）
- ・じゃがいも——1/2個（70g）
  （里芋やさつまいもでも可）
- ・ごぼう——1/4本（50g）

- ・こんにゃく——1/5枚（50g）
- ・しめじ——1/2株
- ・油揚げ——1枚
- ・ごま油——小さじ2
- ・料理酒オイル——大さじ3
- ・水——1L

A
- ・味噌——大さじ3強（60g）
- ・醤油、和風だしの素（顆粒）
  ——各小さじ2
- ・小ねぎ（小口切り）——お好みで

[作り方]

1 豚肉は1cm幅に、大根・蓮根・にんじんは皮をむかずにいちょう切り、じゃがいもは皮をむきいちょう切りにする。ごぼうは長さ2cmの斜め薄切りにし、しめじはほぐす。こんにゃくはスプーンで小さく切り流水でよく洗う。油揚げは油抜きし1cm幅に切る。

2 鍋にごま油をひき、強めの中火で肉をさっと炒めたら、肉の上に、にんじん・じゃがいも・蓮根・ごぼう・大根・しめじ・こんにゃく・油揚げの順で重ね、料理酒オイルを回しかけ、1分放置。

3 天地を返して全体を混ぜながら2分炒めたら、水を加えて沸騰させる。アクを取り、蓋をして中弱火で10分加熱したら、火を弱め、**A**を加えて混ぜる。仕上げにお好みで小ねぎをトッピングする。

POINT 炒め煮の基本

肉の上に、火をよく通したい具材から順に重ねる。

料理酒オイルを回しかけたら、動かさず放置。

天地を返し、全体を混ぜる。

野菜や肉のうまみが
じんわりしみわたる

料理酒オイルの裏ワザ的使い方

キッチンに常備しておけば、日常のさまざまなシーンで役に立つ！

01
古いお米や安いお米も味わい、ツヤ感UP！

3合のといだお米に大さじ1の料理酒オイルをかけてざっとなじませてから、いつもの水加減にして炊飯します。炊けるまでにアルコール分はとび、うまみだけが残ります。オイルが入ることでツヤ感もアップして口当たりもよくなります。

02
魚の切り身や干物にかけて焼くとしっとりふっくら！

魚の表面の酸化は臭みの原因。焼く前にこれを除くことがおいしさの秘訣です。1尾に料理酒オイル大さじ1程度をまぶしてください。ポリ袋の中でやるとグリルも汚れず簡単です。料理酒オイルが適度な水気と脂を補い、焼き上がりはかりっとしつつ、しっとりふっくらに。

03
レンジ蒸し野菜では、味も栄養価もUP！

料理酒オイルをかけた野菜にふわっとラップをかけて、レンジでチンすると、軽く下味がついてうまみが引き出されます。さらに、緑黄色野菜と油は相性も抜群。おいしくなるだけでなく、栄養価もアップします。

04
面倒な「油通し」も不要に！

中華でよく使う「油通し」という手法。120〜170℃前後の油に、具材をさっとくぐらせ、シャキッとさせたり、色鮮やかにしたりするのですが、家庭でやるのは手間ですよね。これも料理酒オイルなら簡単に同様の効果が得られます。料理酒オイルを素材に絡め、フライパンで蓋をして加熱するだけで、まるで油通ししたかのようになります。

05
あめ色玉ねぎが、たった5分で完成！

\ 動画あり /

カレーやスープのコクの素となる「あめ色玉ねぎ」。普通なら30分以上炒めないとできませんが料理酒オイルを使えば、なんと5分以内で写真のような見事なあめ色に。フライパンに細かくみじん切りした玉ねぎ1個分と料理酒オイル大さじ4を入れてしっかりと混ぜ合わせ、強めの中火で蓋をして2分加熱。玉ねぎの組織が壊れて水分がとび、料理酒オイルの糖質と合わさり起こるメイラード反応がうまみをプラス。蓋を取って水分をとばしながら強火で2分強混ぜ合わせたらできあがり！

06
スーパーの安価な鰻が
名店の味わいに！

鰻に絡めてあるタレをまずは洗い流し、水気をふいた後に料理酒オイルをまぶして魚焼きグリルで温め直します。こんがりふっくら焼きあげて、別添えのタレをかけます。

07
下味がつくから、減塩効果も期待できる

素材に「下味をつける」ことが、料理ではとても重要です。料理酒オイルをかけると料理酒の塩分やうまみ成分で下味がつきます。味付けや仕上げ段階での塩や醤油は少なくてすむので、結果的に減塩になります。

料理酒オイルが「万能」なのはなぜ？

理由を知って納得！　基本がわかれば、どんな料理にも応用がききます。

Q1 なぜ、炒め物が"プロの味"になる？

「料理酒オイル」は、油と、沸点が水よりも低い酒が最初から混ざっているので、熱い鍋肌に当たった瞬間に一気に湯気が立ち、フライパンの温度を下げずに上質なスチームが立ちのぼります。しかも油が混じっているので、鍋をあおれなくても具材全体に油がいきわたるのです。料理酒オイルで炒め物をうまく作るにはちょっとしたコツもあるのでP28も参照してください。

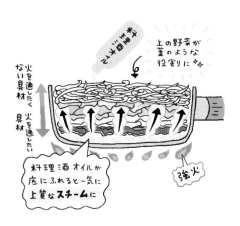

上の野菜が蓋のような役割に！

火を通したくない具材

火を通したい具材

料理酒オイルが底にふれると一気に上質なスチームに

強火

Q2 なぜ、炒飯や麺がしっとりパラリとする？

炒飯のおいしさの理想は「パラパラ」かつ「しっとり」。料理酒オイルを入れることで、フライパン内に上質なスチームが出て、温度を下げずにご飯がほぐれ、しっとりします。さらに、フライパンをあおれなくてもご飯の一粒一粒に油がいきわたりパラリとなります。

焼きそばも同様に、料理酒オイルのスチームで野菜にも適度に火が通り、麺もほぐれます。水を入れて麺をほぐすとフライパンの温度が一瞬下がって「茹でる」ようになり麺がやわらかくなりすぎますが、料理酒オイルならそれがありません。また、麺と野菜を別々に炒めなくても、野菜はシャキシャキ、麺はしっとりパラリとそれぞれが最高の状態に仕上がります。

Q3 なぜ、肉汁たっぷりの ひき肉料理ができるの?

ひき肉料理をおいしくするための最大のコツは「下味をつける」こと。また、肉汁をたっぷり含んだまま料理するためには肉と肉を「つなぐ」ことが重要ですが、塩とひき肉だけで練るのはけっこう力のいる大変な作業です。

そこで、料理酒オイル! 料理酒に入っているうまみや塩分がほどよい下味となり、また、油のおかげでひき肉が混ぜやすくなります。さらに、調理工程の中でアルコール分が蒸発する際に肉の臭みを消してもくれます。

Q4 なぜ、肉も魚も しっとりやわらかになる?

もともと酒には肉をやわらかくする作用があるので、もみ込むとふっくらとやわらかになります。さらに肉や魚の臭みを取っておいしくする作用もあります。また、肉や魚がかたくなったりパサついたりするのは、フライパンの熱だけで火を通そ

うとして長い時間火にかけることも原因です。やはりここでも活用したいのが料理酒オイルによる上質なスチーム。スチームで「蒸す」ことで、厚く切った肉や魚の中心部まで火を通しつつしっとりやわらかな食感に仕上げることができます。

Q5 なぜ、煮物も汁物も「こくウマ」になる?

もともと料理酒には、お酒のうまみ成分の他、塩分なども含まれているので下味効果があります。
さらに「うまみを出すためのコツ」として「具材をよく炒めるとよい」と言われますが、料理酒オイルで「炒め煮」すれば、料

理酒オイルに含まれた糖質や油によってメイラード反応(糖とアミノ酸が反応して褐色になり香りやコクが出る反応)が早く起こるとともに、それぞれの具材に適切でおいしい食感を残すことができます。

料理酒オイルの 「炒め物」3つのポイント!

知っておくとすべての炒め物がプロの味になる! 料理酒オイルの使い方のコツ。

1 火をよく通したい具材(≒かたいもの)から順に フライパンに重ねる

料理酒オイルの炒め物は、「具材を重ねて放置」というワザが独特です。

重ねる順番は厳密に決まっているわけではありませんが、基本的には「火をよく通したい順番」に重ねます。

肉は必ず火を通したいから一番下。野菜は、基本はかたい順ですが、たとえば、椎茸などはやわらかくてもよく加熱したいので下に、逆にごぼうはかたくても食感を残したいので上の方など。

具材は大きすぎないほうが均一に火が通るので、おいしくできます。

2 料理酒オイルを回しかけたら、 そのまま「動かさずに放置」

野菜は箸やトングで触るたびに傷がつき水分が出てしまうので、最初はほぼ動かさずに放置するのが大事! 火をよく通したい順に重ねているので、下からのフライパンの熱と料理酒オイルの上質なスチームとで具材全体にほどよく火が通ります。

火加減はずっと強火のままで大丈夫。

基本的には蓋はしませんが、火が通りにくい具材などの場合は、蓋をして蒸すこともあります。

3 具材の天地を返す時には「トング」が便利!

料理酒オイルを入れてしばらく放置したら具材の天地を返し、さらに少し放置したら、調味料を加えて全体を混ぜます。

この工程は強火のままなるべく手早くやるのがコツ。フライパンをあおれる人はあおると早いですが、できない人は、天地を素早く返したり混ぜたりするのにトングがとても便利。ぜひ、1本買っておきましょう(ちなみに炒飯のご飯をほぐしたり、少し汁気のあるものをかき混ぜたりするときにはシリコーン製のスプーン型のヘラが便利です!)。

CHAPTER 2

料理酒オイルで

「まるで町中華」な
レシピ

料理酒オイルが最も得意なのは、町中華によくある「炒め物」系。
材料も少なく短時間でできるのに、今までのおうちの炒め物とは
全く別物の驚きのハイクオリティな仕上がりに!
町中華の名店にインスパイアされたレシピも大公開!

クック井上。渾身の焼き餃子2種

さっぱり野菜餃子

材料（2〜4人分）

（皮が大きめなら25〜30個、小さめなら40個分）

・餃子の皮 —— 25〜40枚
・キャベツ —— 1/3個(400g)
・ニラ —— 1/4束(25g)
・豚ひき肉 —— 75g
・塩 —— ふたつまみ
・料理酒オイル —— 大さじ1
・サラダ油 —— 大さじ1+小さじ2

A
・ごま油 —— 大さじ1
・鶏がらスープの素(顆粒) —— 小さじ2
・醤油、オイスターソース —— 各大さじ1/2
・こしょう —— 小さじ1/2
・にんにく、しょうが(ともにチューブ) —— 各2cm(入れなくても可)

季節野菜の肉餃子

材料（2人分）

（大きめの皮で25個分）

・餃子の皮 —— 25枚
・豚ひき肉 —— 200g
・白菜 —— 1/2枚(50g)
　（さっぱりの場合は倍量）
・ニラ —— 1/2束(50g)
・ねぎ —— 10cm(30g)
・料理酒オイル —— 大さじ2
・サラダ油 —— 大さじ1+小さじ2

A
・ごま油 —— 小さじ2
・醤油、オイスターソース、鶏がらスープの素(顆粒)、酢 —— 各小さじ1
・しょうが(チューブ) —— 3cm
・塩、こしょう —— 各ひとつまみ

作り方

1 キャベツは3mm角のみじん切りにし、塩を加えてよく混ぜ、20分ほど放置して水気をよく絞る。ニラは5mm弱の粗みじん切りにする。

> フードプロセッサーより手切りがおすすめ！

2 豚ひき肉に料理酒オイルを加えてよく練り、**A**を加えてよく混ぜ、キャベツを加えてさらに混ぜる。ニラは最後に潰さないようにさっと混ぜる（＝餡の完成）。皮で餡を包み、焦げ付き防止のフライパン（フッ素樹脂加工など）にサラダ油大さじ1をひき、丸く並べる。

> フライパンは26cmが作りやすい！（＊IHの場合は24cm！）

3 フライパンを強火にかけ、すぐに熱湯（餃子の高さの1/3ほど。分量外）を注ぎ、蓋をする。水分がなくなったら蓋を取り、餃子の上からサラダ油小さじ2をかけて強めの弱火で好みの焦げ目をつける。

作り方

1 白菜とニラは5mm弱の粗みじん切りにし、ねぎは細かめのみじん切りにする。

2 豚ひき肉に料理酒オイルを加えてよく練り、**A**を加えてよく混ぜ、白菜・ニラ・ねぎを加えてさらに混ぜる（＝餡の完成）。

3 皮で餡を包み、さっぱり野菜餃子と同様に、油をひいたフライパンで焼く。

> 白菜の代わりに、春菊、セロリ、大根、ピーマンなど香りの強い野菜を入れると変化を楽しめます！（その際はニラは入れない）

＊IH使用の場合は、真ん中が早く焼ける傾向があるので、少し小さめのフライパンを使い、フライパンの端がIHの中心に来るように、回して動かしながら焼くとうまく焼ける！

「お店以上の味！」と
家族からも大絶賛！

餃子のタレのバリエー
ションはP33を！

季節野菜の水餃子

肉がジューシー！茹でもうまい！

材料 （2人分）

・餃子の皮 —— 50枚（厚皮なら25枚）
・餡の材料は季節野菜の肉餃子
　（P30）を参照
・餃子のタレ、ラー油、
　小ねぎ（小口切り） —— お好みで

作り方

1 季節野菜の肉餃子と同様に餡を作る。餃子の皮に水を塗り、皮を2枚重ねにして、餡を包む（厚皮なら1枚で）。

2 鍋にたっぷりのお湯（分量外）を沸かし、1を茹でる。しっかり浮いてきてからさらに1分半〜2分茹で、水を切る。仕上げにお好みでタレやラー油、小ねぎをかける。

＼＼ バリエーション ／／

・酸辣湯餃子
　水、鶏がらスープの素（顆粒）、醤油、酢、こしょう、ラー油、溶き卵、お好みでもやしなどの野菜を入れてボリュームアップし、スープ餃子に。

餃子のタレ5種

いつも同じ味ではつまらない！ クック井上。おすすめのタレバリエ。

「ツウ」の酢醤油（お店の味！）

ラー油小さじ1→酢70mL＋醤油30mL＋
ポン酢10mLの順で入れてよく混ぜる。
おすすめ→焼・水

味噌ダレ

合わせ味噌100g＋酢
大さじ4＋みりん大さ
じ2をレンジで2分加
熱＋すりゴマ大さじ1
＋ラー油小さじ1。
おすすめ→焼・水

お酢ジャン

酢にXO醤や、豆板醤を合わせる。
おすすめ→焼・水

レモンごしょう

レモン汁を搾って、ブラック
ペッパーをお好みの量入れる。
おすすめ→焼

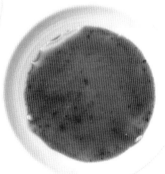

キムチのタレ×酢

キムチのタレ（キムチを食べた後に
残った汁でもOK）に酢を合わせて。
おすすめ→水

中華屋さんの肉野菜炒め

\ 動画あり /

材料 (2人分)

- 豚バラ肉(薄切り) —— 100g
- もやし —— 1袋 (200g)
- キャベツ —— 1枚 (50g)
- 玉ねぎ —— 1/8個 (20g)
- にんじん —— 1cm (10g)
- ニラ —— 1/2束 (50g)
- 料理酒オイル —— 大さじ2
- ごま油 —— 大さじ1

A
- 醤油、オイスターソース —— 各小さじ1と1/2
- 鶏がらスープの素(顆粒)、ごま油 —— 各小さじ1
- にんにく(チューブ) —— 1〜2cm
- こしょう —— 小さじ1/4

作り方

1 キャベツの葉は幅1cm長さ5cmに、芯は斜め薄切りにして、葉と芯を分ける。玉ねぎとにんじんは薄切りして5mm弱幅、ニラは5cmに切り、根元と葉先に分ける。豚肉は1.5cm幅に切る。

2 フライパンにごま油をひき、強火で肉を色が変わるまで炒める。肉の上に、にんじん・キャベツの芯・ニラの根元・玉ねぎ・キャベツの葉・もやし・ニラの葉先の順に重ね、料理酒オイルを回しかけ、1分放置。

3 トングで具材の天地を返し(やわらかい野菜が下にきて、かたい野菜が上にくる)、30秒ほど放置したら、**A**を加え、素早く全体を混ぜる。味をみて、塩(分量外)で味を調える。

ボウルやザルにやわらかい野菜(火が通らなくてよい野菜)から重ねて、一気に裏返してフライパンに入れると簡単!

\\ バリエーション //

- **春巻き**
肉野菜炒めが残ったら、水溶き片栗粉でとろみをつけ、もどした春雨を混ぜて、春巻きの具に。

ただの野菜炒めが
ごちそうに！

木耳卵（ムーシーロー）

コリコリきくらげとふんわり卵！

【材料】（2〜3人分）
- 豚ロース肉（またはこま切れ肉）── 100g
- 玉ねぎ── 1/4個（50g）
- 乾燥きくらげ── 30個（15g）
- 卵── 2個
- サラダ油── 大さじ1
- ごま油── 大さじ1
- 料理酒オイル── 大さじ1と1/2
- 塩、こしょう── 各ひとつまみ

A
- 水── 100mL
- オイスターソース、醤油── 各大さじ1/2
- 片栗粉── 大さじ2/3
- 鶏がらスープの素（顆粒）、豆板醤── 各小さじ1
- 砂糖── ひとつまみ

【作り方】

1 豚肉は一口大に、玉ねぎは薄切りにする。きくらげは水でもどして水気を絞る。卵は溶いておく。

2 フライパンにサラダ油をひき、強火にして薄煙が立ったら、溶き卵を流し入れ、油を含ませるようなイメージで半熟卵を作り、取り出しておく。

3 2のフライパンにごま油を足して、肉を入れたら塩・こしょうをし、火が通るまで炒める。玉ねぎときくらげを重ね料理酒オイルを回しかけ30秒放置。さっと炒めたら、Aを加える。とろみがついたら半熟卵をフライパンに戻し、さっと混ぜる。

中華屋さんでしか食べられないあの味！

青菜炒め

材料（2人分）

- 小松菜 —— 1束(300g)
- 豚バラ肉(薄切り) —— 30g
- にんにく —— 1片
- 鷹の爪(輪切り) —— 1/2本
- ごま油 —— 大さじ1
- 料理酒オイル —— 大さじ2

A
- オイスターソース、醤油、鶏がらスープの素(顆粒) —— 各小さじ1/2
- 水 —— 大さじ1と1/2

作り方

1 小松菜は4cmに切り、軸と葉に分ける。にんにくは薄切りにする。豚肉は1cm幅に切る。

2 フライパンにごま油をひき、強火で肉に火を通す。にんにく・鷹の爪を入れたら、小松菜の軸・葉の順に重ねて、料理酒オイルを回しかけ、1分放置。

3 トングで具材の天地を返し、Aを加え、素早く全体を混ぜる。

\\ バリエーション //

- 豆苗炒め
  豆苗はすぐに火が通るので、料理酒オイルを入れてからの放置時間は30秒で。

醤油をナンプラーに替えるとアジアンな味わいに！

しっとり＆シャキシャキ感が絶品！

青椒肉絲（チンジャオロース）

材料 （2～3人分）

- ピーマン —— 2～3個（100g）
- 豚ロース肉（焼き肉用）—— 100g
- たけのこ（細切り・水煮）
  —— 100～120g
  （水をしっかり切っておく）
- 片栗粉 —— 小さじ2
- ごま油 —— 大さじ1
- 料理酒オイル —— 大さじ2

A
- 料理酒オイル —— 大さじ1
- にんにく、
  しょうが（ともにチューブ）
  —— 各1.5cm

B
- オイスターソース —— 小さじ2
- 醤油、鶏がらスープの素（顆粒）
  —— 各小さじ1
- こしょう —— 少々

作り方

1 ピーマンは縦に5mm弱幅に切る。豚肉は5mm幅に切り、**A**をもみ込み片栗粉をまとわせる。

2 フライパンにごま油をひき、強火で肉に火を通す。肉の上に、たけのこ・ピーマンの順に重ねて、料理酒オイルを回しかけ、1分放置。

3 トングで具材の天地を返し、30秒放置したら**B**を加え、素早く全体を混ぜる。汁気をほどよくとばしたら完成。

\\ バリエーション //

- **肉絲（ルースー）焼きそば**
  青椒肉絲に水溶き片栗粉でとろみをつけ、あまり動かさずこんがり焼いた焼きそば麺の上にかける。

豚キムチ

「白いご飯持ってきて」と叫びたくなる

材料 (2人分)

- 豚バラ肉 (焼き肉用) —— 75g
- 玉ねぎ —— 1/2個 (100g)
- 白菜キムチ —— 150g
- ごま油、料理酒オイル
  —— 各大さじ1

A
- みりん —— 大さじ1
- コチュジャン —— 小さじ1
- 鶏がらスープの素 (顆粒)、
  こしょう —— 各小さじ1/4

トッピング

- 一味、輪切りの唐辛子、糸唐辛子
  —— お好みで

作り方

1. 豚肉は3cm幅に切る。玉ねぎは繊維を断ち切るように1cm幅に切る。

2. フライパンにごま油をひき、強火で肉を色が変わるまで炒める。肉の上に玉ねぎ・白菜キムチの順で重ね、料理酒オイルを回しかけ、1分放置。

3. トングで具材の天地を返し、30秒放置したらAを加え、汁気をとばすように全体を混ぜながら炒める。お好みで一味などをトッピングする。

\\ バリエーション //

- **キムチ鍋**
  和風だしの素、鶏がらスープの素、醤油で味つけしたスープを注いで豆腐や春菊を足す。鍋つゆいらず。炒めてあるのでコクが半端ないです!

39

ニラ玉

今はなき名店の名物メニューを再現してみた！

材料 （2人分）

- ニラ——1束(100g)
- 豚バラ肉——50g
- 卵——3個
- サラダ油、ごま油——各大さじ1
- 料理酒オイル——大さじ1と1/2

A
- オイスターソース
  ——大さじ1と1/2
- 鶏がらスープの素(顆粒)
  ——小さじ1/2
- こしょう——少々

作り方

1 ニラは4㎝に切り、根元と葉先に分ける。豚肉は1.5㎝幅に切る。卵は溶いておく。フライパンにサラダ油をひき、強火にして薄煙が立ったら、溶き卵を流し入れ、油を含ませるようなイメージで半熟卵を作り、取り出しておく。

2 1のフライパンにごま油をひき、肉を炒めて火を通す。肉の上にニラの根元、葉先の順で重ね、料理酒オイルを回しかけ、30秒放置。

3 トングで具材の天地を返し、Aを加えたら、素早く全体を混ぜる。皿に盛り、1の半熟卵をのせる。

椎茸の
存在感を
残したい！

えび焼売

肉がプリプリで食べごたえあり！

材料（2人分）

- 焼売の皮（薄い餃子の皮でも可）
  —— 10枚
- 豚ひき肉 —— 250g
- 玉ねぎ —— 1/2個強（125g）
- 椎茸 —— 3〜4個（50g）
- 冷凍小えび —— 10個
  （下処理はP16を参照）
- 料理酒オイル —— 大さじ2と1/2
- 塩 —— 少々
- 片栗粉 —— 大さじ4

A
- しょうが（チューブ）、
  ごま油 —— 各小さじ1
- オイスターソース、醤油、
  鶏がらスープの素（顆粒）
  —— 各小さじ1と1/2
- 砂糖、こしょう
  —— 各小さじ1/2

作り方

1 玉ねぎは細かいみじん切りに、椎茸はざく切りにする。

2 ボウルにひき肉を入れ料理酒オイル・塩を加えてよく練り、**A**と玉ねぎを混ぜる。片栗粉を加えたら、ひき肉全体にいきわたるよう、椎茸をさっくり混ぜ込む。1時間以上、冷蔵庫で寝かせる。

3 皮で**2**を包み、小えびをのせる。せいろに入れ、中火で15分ほど蒸す。

\\ バリエーション //

・海鮮焼売
ベビーホタテやいかなどお好きな魚介を混ぜ込んで。冷凍でも缶詰でもおいしくできます。

せいろがない場合は、フライパンに水を張り、耐熱皿にキャベツかクッキングシートを敷き、その上に焼売をのせ、蓋をして蒸して。

回鍋肉（ホイコーロー）

お酒にも白いご飯にも合わせたい！

材料（2人分）

- 豚バラ肉（焼き肉用） ── 100g
- キャベツ ── 3〜4枚（200g）
- ピーマン ── 1個（40g）
- ねぎ ── 10cm（30g）
- ごま油 ── 大さじ1
- 料理酒オイル ── 大さじ2

A
- 甜麺醤、みりん ── 各大さじ1
  （赤味噌大さじ1+みりん大さじ2でも可）
- 鶏がらスープの素（顆粒）、豆板醤、ごま油 ── 各小さじ1
- にんにく、しょうが（ともにチューブ） ── 各1cm

作り方

1 豚肉は3〜4cm幅に切る。キャベツは5cm角くらいに手でちぎる。かたい芯は包丁などでつぶし、葉と芯を分ける。ピーマンは乱切り、ねぎは斜め薄切りにする。

2 フライパンにごま油をひき、強火で肉に火を通す。肉の上に、ねぎ・キャベツの芯・ピーマン・キャベツの葉の順に重ねて、料理酒オイルを回しかけ、1分放置。

3 トングで具材の天地を返し、1分弱放置したら**A**を加え、素早く全体を混ぜる。

なすがまるで油通ししたようにしっとり

麻婆なす

【材料】（2人分）

・豚ひき肉——50g
・なす——2〜3本（200g）
・ねぎ——10cm（30g）
・ごま油——大さじ1
・料理酒オイル——大さじ2
・にんにく、しょうが（ともにチューブ）
　——各2cm

A
・水——100cc
・豆板醤、甜麺醤、醤油
　——各小さじ2
・水溶き片栗粉
　——小さじ2
・鶏がらスープの素（顆粒）——小さじ1
・ラー油——お好みで

> ひき肉を炒める時は「油が透明になるまで」が大事な目安です。

【作り方】

1 なすはヘタを切り落とし、縦に6等分に切る。ねぎは斜め薄切りにする。

2 フライパンにごま油をひき、ひき肉をヘラなどでほぐしながら、色が変わって油が透明になるまで強火で炒める。中火にし、にんにくとしょうがを加えたら、なすを入れて、料理酒オイルを回しかけ、蓋をして1分加熱。蓋を取り、全体を混ぜながら30秒ほど炒めて、いったん火を止める。

3 ねぎとAを加えたら、強火で素早く混ぜながらとろみをつける。お好みでラー油をかける。

43

おもてなしにも喜ばれる！ 大きくてツヤツヤ！

肉団子

材料 (2人分)

- 豚ひき肉、鶏ひき肉(もも) ——各150g
- 料理酒オイル —— 大さじ2
- 塩——小さじ1/4
- 片栗粉——適量(肉団子にまとわせる)
- ごま油——大さじ1

A
- 玉ねぎ(すりおろし) ——大さじ1
- しょうが(チューブ) —— 3cm
- 片栗粉——大さじ2
- 醤油、鶏がらスープの素(顆粒)、
  砂糖——各小さじ1
- 塩、こしょう、山椒——各小さじ1/4

B
- 砂糖、酢——各大さじ4
- 水、醤油、みりん、料理酒
  ——各大さじ2
- 片栗粉——小さじ2〜大さじ1
- レモン果汁、鶏がらスープの素(顆粒)
  ——各小さじ1/2

- 白ごま——お好みで

作り方

1 ボウルに豚ひき肉と鶏ひき肉を入れ、料理酒オイルと塩を加えてよく練る。**A**を加えてよく混ぜ、直径3〜4cmほどに丸めて、片栗粉を薄くまぶす。

2 フライパンにごま油をひき、強めの中火にして肉団子を入れ、蓋をして1分半、裏返して1分半加熱。蓋を取り、転がしながら、さらに2分焼き、いったん火を止める(揚げる場合は160℃で2〜2分半)。

3 **2**に**B**を入れて強火にし、肉団子を崩さないようにヘラで混ぜながら餡にとろみをつける。お好みで白ごまをかける。

丸める時は
油(分量外)を
手につけると簡単！

まん丸にしたい人は
手順2で
揚げるといいよ！

肉々しいのにあっさり！
何個でもいける！

麻婆豆腐

面倒な豆腐の湯通しなしでも本格的な味！

■材料（2人分）

- 豆腐（木綿）── 1丁（300g）
- 豚ひき肉── 100g
- ねぎ── 10cm（30g）
- ニラ（葉先のみ）── 1/5束（20g）
- 熱湯── 200～250mL
- ごま油── 大さじ1
- 料理酒オイル── 大さじ2
- **A**
  - 豆板醤、甜麺醤、醤油──各大さじ1
  - 鶏がらスープの素（顆粒）── 小さじ2
  - にんにく（チューブ）、
    しょうが（チューブ）── 各3～5cm
- 水溶き片栗粉──片栗粉大さじ1+水大さじ1
- ラー油──小さじ1～大さじ1
- 花椒──お好みで

> 辛いのが苦手なら、**A**の豆板醤を小さじ1、もしくは無しにして甜麺醤と醤油を大さじ1と1/2ずつに！

\\ バリエーション //

- **麻婆焼きそば**
  両面を焼き付けた焼きそば麺の上にのせて、麻婆麺にすれば立派な主食に！

■作り方

1 ねぎはみじん切り、ニラは1.5cm幅に斜めに切る。

2 フライパンにごま油をひき、強火で豚ひき肉をヘラなどでほぐしながら、色が変わって油が透明になるまで炒める。中火にし、**A**を加えて香りが出たら火を止める。

3 一口大に切った豆腐を耐熱容器に入れ、料理酒オイルを回しかけて電子レンジで4分加熱する。

> 器にたまった水分は捨てる。

4 2のフライパンに、3と熱湯を入れたら、再度火をつけ強火で1分煮込み、水溶き片栗粉をかき混ぜながら少しずつ入れ、ヘラなどでやさしく混ぜる。ラー油を加え、少し加熱したら火を止めてねぎを入れてざっくり混ぜ、ニラをのせる。お好みで花椒をかける。

えびチリ

【材料】（2人分）

- 冷凍むきえび
    —— 200g程度
- ねぎ —— 10cm（30g）
- 卵 —— 2個
- 料理酒オイル —— 大さじ2
- 片栗粉 —— 大さじ1
- ごま油 —— 大さじ1と1/2+大さじ1/2
- にんにく（チューブ）、
    しょうが（チューブ）—— 各2cm

A
- 水 —— 150mL
- ケチャップ、ポン酢
    —— 各大さじ2
- 鶏がらスープの素（顆粒）
    —— 小さじ1
- 豆板醤 —— 小さじ1（または
    タバスコ —— 10滴程度）
- 片栗粉 —— 大さじ1
- こしょう —— 少々

【作り方】

1 冷凍えびは50℃ぐらいのお湯で洗って解凍し、水気をふいて料理酒オイルをなじませ、卵白（1個分）と片栗粉を加えてよく混ぜる。ねぎはみじん切りにする。残った卵黄と卵1個は一緒に別の器に溶いておく。

2 フライパンにごま油大さじ1と1/2をひき、えびを離して並べ、中火で両面を揚げ焼きにしていったん取り出す。同じフライパンにごま油大さじ1/2を足して、にんにくとしょうがを香りが出るまで炒め、火を止める。

> にんにく、しょうがが焦げないように注意。

3 よく混ぜた**A**を**2**に入れて強火にし、混ぜながらとろみがつくまで火を通す。ねぎと溶き卵を加えてさっと混ぜたらえびを戻し、もうひと混ぜする。

> 片栗粉が沈殿しないように手早く混ぜる！

\\ バリエーション //

- 鶏チリソース
  下味薄めに作った鶏の唐揚げに**3**の要領で**A**を絡める。

47

酢豚

やわらかな肉と歯ごたえある野菜がウマい!

材料 (2人分)

- 豚ロース肉(とんかつ用) —— 170g
- ピーマン —— 2個(80g)
- 赤ピーマン —— 1個(40g)
- 玉ねぎ —— 1/4個(50g)
- たけのこ(水煮) —— 薄切り 4枚(30g)
- ごま油、片栗粉 —— 各大さじ1と1/2
- 料理酒オイル —— 大さじ1+大さじ2

A
- 水 —— 150mL
- 醤油、片栗粉、酢、砂糖、
  オイスターソース、ポン酢
  —— 各大さじ1
- 鶏がらスープの素(顆粒) —— 小さじ1
- 塩、こしょう —— 各少々

- 酢 —— 大さじ1(最後の追い酢用)

> たけのこ・玉ねぎ・
> ピーマン・赤ピーマン
> の順で。

作り方

1 豚肉はスジを切り、肉たたきなどでたたく。一口大に切り、料理酒オイル大さじ1をもみ込んで片栗粉をまぶす。ピーマン(緑・赤)と玉ねぎは乱切りにする。

2 フライパンにごま油をひき、強火にして肉を入れ、蓋をして両面それぞれ2分焼く。蓋を取り、混ぜながらさらに1分焼き、いったん取り出す(油で揚げる場合は160〜170℃で2〜2分半程度)。

3 2のフライパンに野菜をすべて入れ、料理酒オイル大さじ2を回しかけ、蓋をして1分加熱。蓋を取り、混ぜながら20秒炒めていったん火を止める。Aを入れて再び強火にし、混ぜながらとろみをつけて、仕上げの追い酢を入れ、2の肉を戻し、さっと混ぜる。

材料 （2人分）

- 豚レバー —— 150g
- ニラ —— 1束（100g）
- もやし —— 1/2袋（100g）
- 料理酒オイル —— 大さじ 3+大さじ 2
- 片栗粉 —— 小さじ 2
- ごま油 —— 大さじ 1
- A
  - オイスターソース —— 小さじ 2
  - 醤油、鶏がらスープの素（顆粒） —— 各小さじ 1
  - ごま油 —— 小さじ 1と1/2
  - にんにく（チューブ） —— 2cm
  - こしょう —— 少々

\\ バリエーション //
・もつニラ炒め　・厚揚げニラ炒め
豚モツ・豚タン・豚ガツ・牛モツなど
に替えて作ると、これまた最高。厚揚
げに替えても意外なおいしさ！

作り方

1 豚レバーは5mm幅に切る。ボウルにレバーを入れ、料理酒オイル大さじ3をかけて15分なじませる。キッチンペーパーで水気をとり片栗粉をまぶす。ニラは4〜5cmに切り、根元と葉先に分ける。

2 フライパンにごま油をひき、強火でレバーを両面30秒ずつ焼き、その上に、ニラの根元・もやし・ニラの葉先の順に重ねる。料理酒オイル大さじ2を回しかけ、1分放置。

3 トングで具材の天地を返し、Aを加え、素早く全体を混ぜる。味をみて、塩（分量外）で味を調える。

レバニラ炒め

料理酒オイルはレバーの臭みも取る！

49

町中華の カレー焼きめし

【材料】（2人分）

- ご飯——お茶碗大盛り2杯分（400g）
- 玉ねぎ——1/2個（100g）
- ピーマン——2個（80g）
- にんじん——2cm（20g）
- ロースハム——2枚
- 卵——1個
- サラダ油——小さじ2〜大さじ1
- 料理酒オイル
  　　——大さじ1+大さじ1

A
- ・ウスターソース、醤油、
  　鶏がらスープの素（顆粒）、
  　カレー粉——各小さじ1
- ・こしょう——少々

【作り方】

1 玉ねぎ・ピーマン・ロースハムは5mmの角切りにする。にんじんは薄切りを5mm角に切り、耐熱皿に入れて少量の水（分量外）を加え、ラップをして電子レンジで1分加熱。卵は溶いておく。

2 フライパンにサラダ油をひき、強火にしたら溶き卵を入れ、半熟になったら温かいご飯を加え、料理酒オイル大さじ1を回しかけ、ヘラなどでほぐしながら全体を混ぜ合わせ、フライパンの端に寄せる。

3 空いた場所に**1**の野菜とハムを加えて料理酒オイル大さじ1を回しかけてさっと炒めたら、ご飯と混ぜ合わせる。**A**を加えて全体を混ぜる。塩（分量外）で味を調える。

たっぷりの餡で贅沢な気分！

中華丼

材料 (2〜3人分)

- ご飯——お茶碗2杯分〜お好みの量で
- 白菜——3〜4枚(300g)
- にんじん——2cm(20g)
- ねぎ(青い部分)——15cm×2本
- ピーマン——1個(40g)
- 椎茸——3〜4個(50g)
- たけのこ(水煮)
　——薄切り4枚(30g)
- 豚こま切れ肉——100g
- 乾燥きくらげ——6個(3g)
- 冷凍むきえび
　——中4尾(または大2尾)
　(下処理はP16を参照)
- なると(かまぼこでも可)
　——薄切り4枚
- うずら卵——4個
- ごま油——大さじ1
- 料理酒オイル——大さじ4

A
- 水——300mL
- 醤油、オイスターソース
　——各大さじ1
- 片栗粉——大さじ2
- 鶏がらスープの素(顆粒)
　——小さじ2
- 酢——大さじ1/2
- にんにく、しょうが
　(ともにチューブ)
　——各1cm
- こしょう——ひとつまみ

えび・なると・ねぎ・椎茸・きくらげ・にんじん・ピーマン・たけのこ・白菜の芯・白菜の葉の順で。

バリエーション

・広東麺
醤油味のラーメンの上にのせれば、広東麺に！

作り方

1 白菜は葉をざく切り、芯をそぎ切りにする。にんじんは短冊切り、ねぎは斜め切り、ピーマンは乱切り、椎茸は4等分に、たけのこは細切りにする。豚肉は一口大に切る。きくらげはもどして水気を絞る。

2 フライパンにごま油をひき、強火で肉を色が変わるまで炒める。その上に、うずら卵以外の具材を重ね、料理酒オイルを回しかけ、蓋をして2分加熱。

3 蓋を取り、トングで天地を返して30秒放置したら、さっと全体を炒め合わせて火を止める。Aとうずら卵を加え、再度強火で混ぜ合わせ、とろみをつける。塩、こしょう(ともに分量外)で味を調え、ご飯にかける。

麺にコシも出て本格中華の味！

上海焼きそば

材料 （2人分）

- ・焼きそば麺──2玉
- ・豚こま切れ肉──50g
- ・チンゲン菜──1株（100g）
- ・ニラ──1/4束（25g）
- ・にんじん──1cm（10g）
- ・ねぎ──10cm（30g）
- ・乾燥きくらげ──10個（5g）
- ・ごま油──小さじ2
- ・料理酒オイル──大さじ2

A
- ・醤油、オイスターソース、鶏がらスープの素（顆粒）──各小さじ2
- ・しょうが（チューブ）──1〜2cm
- ・こしょう──ひとつまみ

作り方

1 豚肉は2cm幅に切る。チンゲン菜の葉はやや大きめに切り、茎はそぎ切りにして葉と茎を分ける。ニラは5cmに切り、根元と葉先に分ける。にんじんは細切り、ねぎは斜め薄切りにする。きくらげは水でもどして絞る。麺は電子レンジで2分加熱する。

2 フライパンにごま油をひき、強火で肉を色が変わるまで炒める。肉の上に、麺、具材の順に重ね、料理酒オイルを回しかけ、1分放置。

> にんじん・きくらげ・ねぎ・ニラの根元・チンゲン菜の茎・チンゲン菜の葉・ニラの葉先の順で！

3 トングで麺と具材の天地を返し、30秒放置したらAを加え、素早く全体を混ぜる。

> お好みで仕上げにごま油（分量外）をかけても。

52

CHAPTER 3

料理酒オイルで

「まるで洋食屋」なレシピ

大人も子供もみんなが大好きな日本の洋食屋さんの定番メニューも
料理酒オイルを使えば、家庭で簡単に再現できます!
白いご飯に合うポークやチキン、ハンバーグ、ナポリタンやチキンライス……。
懐かしのあの味、涙が出るほどうまい!

サクっ、ジュワーっ！　あふれ出すうまみ

フライパン de メンチカツ

吹き出し：玉ねぎの存在感を出したいので、ここはあえての粗みじん切り！

材料 （2人分）

- あいびき肉——300g
- 玉ねぎ——大1/4個(75g)
- 料理酒オイル——大さじ3
- 塩——小さじ1/2
- 揚げ油(サラダ油)——適量
- バッター液(てんぷら粉、水)
  ——各適量(小麦粉+卵でも可)
- パン粉——適量

A
  - パン粉——1/3カップ
  - マヨネーズ——大さじ1
  - ウスターソース——小さじ2
  - こしょう——小さじ1/4
- ソース——お好みで

作り方

1 玉ねぎは4mmの粗みじん切りにする。ボウルにひき肉・料理酒オイル・塩を入れてよく練り、玉ねぎと **A** を加えて混ぜる。4等分にして空気を抜きながら薄めの小判形に整える。

2 てんぷら粉を少し粘る程度に水で溶いてバッター液を作り、**1** に絡めてからパン粉をまぶす。

3 フライパンにサラダ油を入れ、強火で1分ほどしたら、**2** を入れて蓋をする。

4 1分半たったら、メンチカツを裏返し、さらに蓋をして1分加熱。再度裏返し、30秒揚げて取り出し、油を切る。余熱で1〜2分放置し、お好みでソースをかける。

吹き出し：26cmのフライパンなら油は1cm程度が目安。揺らしながら揚げると少ない油でもカラッと揚がります！

吹き出し：揚げ物の油を切るには「魚焼きグリル」を引き出して使うと場所を取らなくて便利！

アツアツを
ほおばりたい！

オニオングラタンスープ

5分でできるあめ色玉ねぎで

材料（2人分）

- 玉ねぎ —— 1個（200g）
- 料理酒オイル —— 大さじ4
- バター —— 10g
- フランスパン —— 1〜1.5cm
- とろけるチーズ（シュレッドタイプ）
  —— 器の表面を覆う程度の量

A
- 水 —— 500mL
- コンソメ（顆粒）—— 小さじ2
- 塩、砂糖、こしょう
  —— 各ひとつまみ

> オニオンスープのできあがり！これだけでも美味！ いったん冷ますして温め直すと、より味がなじみます。Aに小さじ1/2の醤油を入れると、ほっとする味に！

作り方

1 玉ねぎは幅4mm、長さ2cmに切る。フライパンにバターと玉ねぎを入れ、強めの中火にして、料理酒オイルを回しかけ、蓋をして2分半加熱。

2 蓋を取り、ヘラで混ぜながら水分をとばすように2分炒めて、玉ねぎの色が変わったらAを加え、蓋をして強火で2分加熱し、最後に、塩（分量外）で味を調える。

3 耐熱の器に2のスープを注ぎ、2枚に薄切りにし、軽く焼いたフランスパンとチーズをのせてトースターで焦げ目がつくまで焼く。

クラムチャウダー

小麦粉を使わないやさしいお味！

材料 作りやすい量（およそ4人分）

- 冷凍むきあさり——50g
  （下処理はP16を参照）
- じゃがいも——大1個（150g）
- 玉ねぎ——1/2個（100g）
- セロリ——1/2本（50g）
- ベーコン——50g
- にんにく（チューブ）——2cm
- バター——10g
- 料理酒オイル——大さじ3
- 水——150mL
- 牛乳——400mL
- A
  - ・塩、コンソメまたは
    鶏がらスープの素（顆粒）
    ——各小さじ1/2
  - ・こしょう——少々
- ドライパセリ
  ——お好みで

作り方

1 じゃがいもの1/3量はすりおろす。残りのじゃがいもと、玉ねぎ・セロリ・ベーコンは4mmの角切りにする。

2 小鍋にバター・にんにく・ベーコン・角切りのじゃがいも・玉ねぎ・セロリの順に重ね、強めの中火にかけ、チリチリと音がしたら料理酒オイルを回しかけ、蓋をして1分半加熱。蓋を取り、ヘラで混ぜながら玉ねぎが少し透き通るまで炒めたら、すりおろしたじゃがいもと水を加えて混ぜ、蓋をして2分半加熱。

吹きこぼれに注意！

3 蓋を取り、牛乳を加えて強火にして沸騰させる。あさりを入れて火を弱め、Aを加える。お好みでドライパセリをのせる。

57

ローストビーフ

コロコロ転がすのが楽しい!

材料 (2〜4人分)

- 牛ももかたまり肉 —— 500g
  （なるべく太さが均一なもの）
- 塩、こしょう —— 各小さじ1
- 料理酒オイル —— 大さじ4
- にんにく（チューブ）—— 2cm
- 牛脂 —— 1個
- A
  - 玉ねぎ（すりおろし）—— 100g
  - 焼肉のタレ —— 大さじ2
  - ポン酢 —— 大さじ4
- ピンクペッパー —— お好みで

> ホットプレートの温度は一気には下がらないので、「保温」にしてからも4分くらい待って!

> 温かいまま食べたい場合はそのまま切る。冷やしたい場合は、冷凍庫で半冷凍にすると薄くきれいに切れる。

作り方

1 塩・こしょうをもみ込んだ牛肉を、料理酒オイル・にんにくとともに、ポリ袋などに入れて密閉し、数時間〜1昼夜、冷蔵庫で寝かせる。肉を取り出しキッチンペーパーで水気をふきとる。**A**をレンジで5分加熱し、冷ましてタレを作る。

> 香味野菜のヘタなど（玉ねぎ、にんじん、セロリの葉など）があれば一緒に密閉。

2 ホットプレートの温度を強 (250℃) に設定し、牛脂を溶かし、肉をすべての面、各1分ずつこんがりと焼いたら、いったん取り出してホイルで4分間包む。

3 ホットプレートを保温にし、ホイルから出した肉をホットプレートに戻し、30秒ごとにコロコロと転がしながら、約20分間焼く。取り出してホイルで10分包んだら、肉を薄く切る。タレを添え、お好みでピンクペッパーをのせる。

ボンゴレビアンコ

材料（2人分）

- パスタ（1.7mm）── 200g
- 殻付きあさり── 300g

> あさりは、50℃のお湯で砂抜きをし、冷水で締めてから冷凍しておくと、うまみ成分が出やすくなる。殻付き貝の下処理（P85、P102）はすべて同じ！

- にんにく── 2片
  （またはチューブ6cm）
- オリーブオイル── 小さじ2
- 料理酒オイル── 100mL
- パスタの茹で汁── 大さじ2
- バター── 10g
- こしょう── 少々
- パセリ── 大さじ1と1/2

作り方

1. にんにくはみじん切りにする。鍋にお湯をたっぷり沸かし、1%の塩（お湯、塩ともに分量外。目安は水2Lに塩20g）を加えて袋の表示時間通りパスタを茹でる。

2. フライパンにオリーブオイルをひき、にんにくを入れて弱めの中火にする。チリチリしてきたら凍ったままのあさりを入れて強火にして料理酒オイルを加え、蓋をして2分加熱。あさりの口が開いたらいったん取り出す。

3. 茹で上がったパスタと茹で汁大さじ2を2のフライパンに加え、バターとこしょうを加えて素早く混ぜ、トロっとしたらあさりを戻し、オリーブオイル（分量外）とみじん切りのパセリを加えてさっくり混ぜる。

無性に食べたくなる懐かしの味！
昭和のナポリタン

昭和系スパゲティは、袋の表示の1.3〜1.5倍の時間茹で、流水で締めて水気をとり、サラダ油小さじ2で和えて冷蔵庫で1日寝かせるのが"お店の味"再現のコツ！

材料 （2人分）

- 茹でたパスタ（1.8〜2.2mm）—— 乾麺240g
- ロースハム（ソーセージでも可）—— 2枚
- 玉ねぎ—— 1/3個（70g）
- ピーマン—— 1個（40g）
- マッシュルーム（水煮缶）—— 20g
- サラダ油—— 大さじ2
- 料理酒オイル—— 大さじ3
- 塩—— ひとつまみ

A
- ケチャップ—— 大さじ4
- 牛乳—— 大さじ2
- こしょう—— 少々
- コンソメ（顆粒）—— 小さじ1
- ウスターソース—— 小さじ2

Aに赤ワイン大さじ1を加えるとより本格的な味に！

- ケチャップ—— 大さじ2
  （最後の追いケチャップ用）
- バター—— 10g

トッピング
- 粉チーズ、パセリ、タバスコなど—— お好みで

作り方

1 冷やしておいたパスタを耐熱容器に移し、電子レンジで2分温める。ハムは短冊切り、玉ねぎは1cmのくし切り、ピーマンは横に5mm幅に切る。

2 フライパンにサラダ油をひき、ハム・玉ねぎ・マッシュルームを強火でさっと炒め、塩をふる。その上に、ピーマン・1のパスタの順に重ね、料理酒オイルを回しかけ、1分放置。

3 パスタが下になるようにトングで天地を返し、30秒放置したら、鍋肌からAを加え全体を混ぜ合わせる。追いケチャップとバターを加え、さらに混ぜ合わせる。仕上げにお好みでトッピングする。

材料（2人分）

- 茹でたパスタ（1.7〜1.9mm）
  —— 乾麺240 g

> パスタの下処理はP60のナポリタンと同様！

- ロースハム（ソーセージでも可）
  —— 2枚
- 玉ねぎ —— 1/4個（50g）
- ピーマン —— 1個（40g）
- しめじ —— 1/4株
- サラダ油 —— 小さじ2
- 料理酒オイル —— 大さじ3

A
- ・鶏がらスープの素（顆粒）
    —— 小さじ1/2
- ・塩 —— 小さじ1/4
- ・こしょう —— 少々

- ドライパセリ —— お好みで

作り方

1 冷やしておいたパスタを耐熱容器に移し、電子レンジで2分温める。ハムは短冊切り、玉ねぎは5mm幅の薄切り、ピーマンは横に3mm幅に切る。

2 フライパンにサラダ油をひき、ハム・玉ねぎ・しめじを強火でさっと炒める。その上に、ピーマン・1のパスタの順に重ね、料理酒オイルを回しかけ1分放置。

3 パスタが下になるように、トングで天地を返し、Aを加え、全体を混ぜ合わせる。仕上げにお好みでドライパセリをふる。

白スパ

昭和スパの定番、別名「白いナポリタン」

ハッシュドビーフ

デミグラスソース缶不要で作れる！

材料 作りやすい量（3〜4人分）

- ご飯 —— 適量（3〜4人分）
- 牛バラ肉（薄切り）—— 250g
- 玉ねぎ —— 1個（200g）
- マッシュルーム（水煮缶）
 —— 1缶（100g）
- にんにく（チューブ）—— 3cm
- サラダ油 —— 小さじ2
- 料理酒オイル —— 大さじ4
- 赤ワイン —— 100mL
- バター —— 5g

> カットトマト缶はフードプロセッサーにかけるか、手で握り潰しておく（P64、P105も同じ）。

A
- カットトマト缶（潰しておく）
 —— 3/4缶（300g）
- 水 —— 300mL
- ケチャップ —— 大さじ2
- ウスターソース —— 大さじ1
- コンソメ（顆粒）—— 小さじ2
- 八丁味噌（なくても可）、
  醤油、インスタントコーヒー
  —— 各小さじ1
- 塩 —— 小さじ1/4
- グリーンピース（缶詰）
 —— お好みで

作り方

1 牛肉は、軽く塩・こしょう（ともに分量外）し、小麦粉（分量外）をまとわせる。玉ねぎは繊維を断ち切るように5mm幅に切る。フライパンにサラダ油をひき、強火で肉を色が変わるまで炒めたら、玉ねぎを入れさっと炒める。

2 料理酒オイルを回しかけ、蓋をして強めの中火で2分加熱。蓋を取りにんにくを加え、混ぜて水分をとばしながらしっかり炒める。玉ねぎが薄茶色になったら赤ワインを加え、1分半煮詰める。

3 マッシュルームと**A**を加え、時折混ぜながら8分煮込む。塩・こしょう（ともに分量外）で味を調えたらバターを加えてよく混ぜる。ご飯にかけ、お好みでグリーンピースをのせる。

ポークチャップ

材料 (2人分)

- 豚ロース肉 (とんかつ用)
  —— 2枚 (150g×2)
- 玉ねぎ —— 1/2個 (100g)
- マッシュルーム (水煮缶) —— 50g
- にんにく (チューブ) —— 2cm
- 塩、こしょう —— 各少々
- 小麦粉 —— 適量
- サラダ油 —— 小さじ2
- 料理酒オイル —— 大さじ4

A	・ケチャップ —— 大さじ3
	・マッシュルーム (水煮缶) の汁 —— 大さじ2
	・ウスターソース、赤ワイン —— 各大さじ1
	・醤油 —— 小さじ1
	・バター —— 5g
	・こしょう —— ひとつまみ

作り方

1 豚肉を肉たたきなどで軽くたたき、包丁でスジを切る。塩・こしょうをふり、小麦粉を薄くまとわせる。玉ねぎは繊維を断ち切るように5mm幅に切る。

2 フライパンにサラダ油をひき、強火で肉を立てて脂身を1分弱焼いたら中火にし、両面を1分ずつ焼く。肉を端に寄せて、空いたところに、にんにく・玉ねぎ・マッシュルームを順に重ねる。料理酒オイルを回しかけ、蓋をして1分加熱。

3 蓋を取り、Aを加えて、ヘラでフライパンの底をこそぎながらソースを煮詰める。

底をこそげることでうまみがソースに移ります。タバスコを適量ふって、ピリ辛ソースにしてもおいしい!

パパっと本格ミートソース

材料 作りやすい量（約4人分）

・茹でたパスタ（1.7～2.2mm）
　　——乾麺480g（4人分）
・あいびき肉——300g
・玉ねぎ——1/2個（100g）
・セロリ——1本（100g）
・にんじん——5cm（50g）
・オリーブオイル——大さじ1
・塩——小さじ1
・こしょう——ひとつまみ
・にんにく（チューブ）——5cm
・料理酒オイル——大さじ4
・水——200～250mL

・カットトマト缶——1缶
（400g）（潰しておく。P62参照）
・トマトケチャップ
　　——大さじ1と1/2
・赤ワイン——50mL
・ローリエ——1枚
・ウスターソース——大さじ1
・ドライオレガノ
　　——小さじ1～2
・醤油、コンソメ（顆粒）
　　——各小さじ1
・インスタントコーヒー
　　——ひとつまみ

A

トッピング
・粉チーズ、ドライパセリ
　　——お好みで

＼＼ バリエーション ／／

・なすミート
　炒めたなすとミートソース
　を交互に重ね、チーズをか
　けてオーブンで焼く。

作り方

1 玉ねぎ・セロリ・にんじんは細か
いみじん切りにする。

2 フライパンにオリーブオイルをひき、
強火にしてひき肉を入れたら広げ
て塩・こしょうをふる。そのまま
動かさずに2分焼きつける。ひっく
り返して1分動かさずに焼いたら、
端に寄せる。空いた真ん中ににんに
くと **1** を入れ、料理酒オイルを回
しかけ、蓋をして2分加熱。

3 蓋を取り、全体を混ぜ合わせて2分
炒めたら **A** を加え、蓋をして3分
加熱。その後2分ごとに蓋を取り、
水を50mLずつ加えて混ぜながら、
8分煮込む。茹でたパスタの上にかけ、
お好みで粉チーズやドライパ
セリをトッピングする。

> 水を加えて
> 混ぜたら
> また蓋を
> してね。

パパっと本格キーマカレー

材料 作りやすい量（約4人分）

・ご飯——適量（約4人分）
・あいびき肉
　（豚・牛・鶏のみも可）
　　——300g
・玉ねぎ——1個（200g）
・セロリ——1/2本（50g）
・にんじん——1/4本（50g）
・サラダ油——大さじ1
・塩——小さじ1と1/2
・にんにく、しょうが
　（ともにチューブ）
　　——各5cm
・料理酒オイル——大さじ3
・カレー粉——大さじ3
・小麦粉——大さじ1と1/2
・ガラムマサラ——お好みで適量

・カットトマト缶
　　——1/4缶（100g）
　（潰しておく。P62参照）
・水——200mL
・醤油——小さじ1
・みりん——大さじ2
・コンソメ（顆粒）——小さじ2
・ウスターソース——大さじ1
・砂糖——小さじ2～大さじ1

A

トッピング
・グリーンピース（缶詰）、
　目玉焼きやゆで卵
　　——お好みで

作り方

1 玉ねぎ・セロリ・にんじんは細かいみじ
ん切りにする。

2 フライパンにサラダ油をひき、強火にし
てひき肉を入れたら広げて塩をふる。そ
のまま動かさずに2分焼きつける。ひっ
くり返して1分動かさずに焼いたら、端
に寄せる。空いた真ん中ににんにく・
しょうがと **1** を入れ、料理酒オイルを
回しかけ、蓋をして2分加熱。

3 蓋を取り、全体を混ぜ合わせて3分炒め
たら、カレー粉と小麦粉を加えてさらに
炒め、**A** を加えてよく混ぜ、蓋をして3
分加熱。時折蓋を取り、ヘラで底をこそ
げるように混ぜる。塩（分量外）で味を
調えてお好みでガラムマサラを加える。
ご飯の上にかけて、お好みで目玉焼きや
グリーンピースなどをトッピングする。

絶対、定番にしたい決定版！

パパっと

本格ミートソース

パパっと

「手かかってる」風の味わい！

本格キーマカレー

両方とも野菜はフードプロセッサーでみじん切りにするとラク！ ひき肉を焼く時はあまりいじらずに焼きつけるのもポイント！

パンよりも、なぜかご飯に合う味!?

チキンの クリーム煮

材料 (2人分)

- 鶏もも肉 —— 2枚(280g×2)
- 玉ねぎ —— 1/2個(100g)
- マッシュルーム(水煮缶) —— 100g
- 塩、こしょう —— 各ふたつまみ
- 小麦粉 —— 大さじ1+大さじ1
- サラダ油 —— 小さじ2
- 料理酒オイル —— 大さじ4

A
- 牛乳 —— 300mL
- バター —— 5〜10g
- マッシュルーム(水煮缶)の汁 —— 大さじ2
- ハーブソルト —— 小さじ1
  (または塩 —— 小さじ1/2)
- コンソメ(顆粒) —— 小さじ1/2

- 黒こしょう —— お好みで

> 鶏もも肉は、調理の15分前ぐらいに冷蔵庫から取り出して常温にもどそう。

> 小麦粉は玉ねぎとマッシュルームに向けてかけてね。

> 半量以下になるまで煮詰める!

バリエーション

- **クリームパスタ**
  ソースが残ったらチキンをほぐすか、ツナ缶を足してクリームパスタに。

作り方

1. 鶏肉の両面に塩・こしょうをふり、小麦粉大さじ1を薄くまとわせる。玉ねぎは薄切りにする。

2. フライパンにサラダ油をひき、鶏肉の皮目を下にし、強めの中火で蓋をして3分焼く。蓋を取り、ひっくり返して弱めの中火で3分焼いたら、再び強めの中火にし、肉の周りに玉ねぎ・マッシュルームを置いて料理酒オイルを回しかける。フライパンを揺すりながら2分炒めて水分をとばす。

3. 玉ねぎとマッシュルームに小麦粉大さじ1をふり、よくなじませたら、中火にしてAを加える。焦げつかないように肉を返しながらとろみがつくまで煮詰める。火を止めて3分間蓋をしたまま置き、肉を取り出したら、ソースの味を塩(分量外)で調える。ソースを肉にかけ、お好みで黒こしょうをふる。

スタミナポークソテー

たっぷりの千切りキャベツと食べたい！

材料（2人分）

- 豚ロース肉（厚さ2cm）
  ── 350g（175g×2枚）
- 玉ねぎ──大1/6個（50g）
- 塩、こしょう──各少々
- 小麦粉──適量
- サラダ油──小さじ2
- 料理酒オイル──大さじ2

A
- ・醤油、みりん
  ──各大さじ2
- ・にんにく（チューブ）、
  しょうが（チューブ）
  ──各2〜3cm

── \\ バリエーション //──

- **スタミナチキンソテー**
  豚ロース肉を鶏もも肉に替えて作っても。鶏肉の焼き方はP66を参照。

作り方

1 豚肉を肉たたきなどで軽くたたき、包丁でスジを切る。両面に塩・こしょうをふり、小麦粉を薄くまとわせる。玉ねぎは横に1cm幅に切る。

2 フライパンにサラダ油をひき、強火で豚肉を立てて脂身を1分焼いたら（P63参照）中火にし、両面を1分ずつ焼く。フライパンの脂をキッチンペーパーでふきとり、玉ねぎを入れて料理酒オイルを回しかけ、蓋をして中火で両面をさらに1分ずつ加熱。

3 蓋を取り、Aを加えて強火で1分ほど豚肉を返しながら煮絡める。

シャリアピン風ステーキ

和風オニオンソースが絡んで絶品！

材料（2人分）

- 牛ステーキ肉 —— 450〜500g
  （肩ロースなら1枚、サーロインなら2枚）
- 玉ねぎ —— 1/4個（50g）
- 塩、こしょう —— 各少々
- 牛脂 —— 1個
- にんにく（チューブ）—— 2〜3cm
- 料理酒オイル —— 大さじ3
- A
  - 酢、醤油 —— 各50mL
  - みりん —— 大さじ1
  - 砂糖 —— 小さじ1/2
  - こしょう —— 少々
- 黒こしょう —— お好みで

> 牛ステーキ肉は常温にもどさなくてOK！

作り方

1 牛肉は、軽く塩・こしょうをふる。玉ねぎは細かめのみじん切りにする。

2 フライパンを強火にして牛脂を溶かし、肉を立てるようにして（P63参照）脂身を1分焼いたら、両面を1分ずつ焼く。弱火にして、肉をコロコロひっくり返しながら2分半焼く。取り出してホイルに包み3分休ませる。

> コロコロ焼きが2分半だとミディアムレア。肉の厚さや火力にもよるので調節して。

3 2のフライパンの脂をキッチンペーパーでふきとり、にんにく・玉ねぎを入れ、料理酒オイルを回しかけ、蓋をして強火で1分加熱。蓋を取り、Aを加えて2分炒め、ホイル内の肉汁も加えて混ぜ、ソースを作る。牛肉にソースをかけ、お好みで黒こしょうをふる。

これは「むね肉」で作るのがいいんです！

チキンカツレツ

材料（2人分）

- 鶏むね肉 ── 1枚（350g）
  （皮は外しておく）
- 料理酒オイル ── 大さじ2
- こしょう ── 少々
- 揚げ油（サラダ油）
  ── 適量（26cmフライパン
  に1.5cm）
- バッター液（てんぷら粉、水）
  ── 各適量
  （小麦粉＋卵でも可）
- パン粉 ── 適量
- ソース ── お好みで

作り方

1. 鶏肉は観音開きにして厚さ1.5cmに揃え、半分に切る。フォークで穴を開け、料理酒オイルをもみ込んでからこしょうをふる。
   > ポリ袋を使うといいよ。

2. てんぷら粉を少し粘る程度に水で溶いて、バッター液を作り、1に絡めてからパン粉をまぶす。

3. フライパンにサラダ油を入れ、強火で1分ほどしたら、2を入れて蓋をする。

4. 2分たったら、カツを裏返し、さらに蓋をして2分加熱。再度裏返し、30秒揚げて取り出し、油を切る。余熱で1分放置し、食べやすい大きさに切る。お好みでソースをかける。

> フライのコツはP54も参照して。

むね肉を縦に置き、真ん中に厚みの半分くらいまで包丁を入れて左右にそぐように開く。左右に開いたら分厚い部分を手で薄くのばして、中央から2枚に切る。

── バリエーション ──

- タレかつ丼風
  （新潟のご当地グルメ風！）
  一口サイズに切った後に揚げて、めんつゆベースの甘辛な和風ダレにくぐらせてご飯にのせて丼に。

チキンライス

老舗の食堂で食べたあの味!

【材料】(2人分)

・ご飯——お茶碗大盛り2杯分(400g)
・鶏もも肉——50g
・玉ねぎ——1/4個(50g)
・ピーマン——1個(40g)
・マッシュルーム(水煮缶)——50g
・サラダ油——大さじ1
・料理酒オイル——大さじ2

A
・ケチャップ
——大さじ6〜7
・鶏がらスープの素(顆粒)、
ウスターソース
——各小さじ1
・こしょう——少々

【作り方】

1 鶏肉・玉ねぎ・ピーマンは5mm強の角切りにする。

2 フライパンにサラダ油をひき、強火で鶏肉を炒める。玉ねぎ・ピーマン・マッシュルームを入れてさっと炒めたら、温かいご飯を加え、料理酒オイルを回しかけ、ヘラなどでほぐす。鍋肌から**A**を加え、全体にいきわたるようにヘラで混ぜる。

\\ バリエーション //

・**オムライス**
薄焼き卵でも、ふわとろ卵でも! 後からケチャップをかけるので、チキンライスのケチャップは半量で。

炊飯器と冷凍シーフードミックスでお手軽に！

シーフードピラフ

［材料］4人分（作りやすい量）

- 米——3合（洗わない）
- 玉ねぎ——1/4個（50g）
- にんじん——1cm（10g）
- ピーマン——1個（40g）
- 料理酒オイル——大さじ6
- にんにく（チューブ）——5mm
- シーフードミックス——100g
  （下処理はP16を参照）
- バター——10g
- こしょう——ひとつまみ

A
- コンソメ（顆粒）——小さじ2
- 醤油——小さじ1/2
- 塩——ひとつまみ

［作り方］

1 玉ねぎ・にんじん・ピーマンは細かいみじん切りにする。

2 炊飯器に米・料理酒オイルを入れてよく混ぜ、玉ねぎ・にんじん・にんにくを加える。水（分量外）を3合の線の一番下まで入れ、Aとシーフードミックスを入れよく混ぜたら、炊飯スイッチを入れる（早炊きモード推奨）。

3 炊き上がったらピーマン・バター・こしょうを加え、全体をよく混ぜ、再度蓋をして10分蒸らす。

> シーフードミックスは縮むので小サイズより中サイズがおすすめ！

71

お子さまも大人さまも大満足！
残り物で、豪華洋食弁当に！

小さく切ってフリルレタスを敷いて詰めるだけ！ カラフル洋食弁当も簡単に！

ゆで卵
困ったらゆで卵！
一気に彩りもアップ！

ナポリタンスパゲティ
パスタを茹でたら取り分けて
ケチャップ味に

フリルレタス
下に敷くだけで見た目
アップ＆隙間埋め効果。
もちろん野菜補給にも◎

ブロッコリー
料理酒オイルをふりか
けてレンジでチン！

チキンのクリーム煮
P66のように一枚で焼くメ
ニューでも、小さくカットす
れば弁当用に

ミニトマト
お弁当の定番！ 赤、オレン
ジ、黄色などいろいろな色を
あちこちに入れれば、さらに
カラフルに

ミニハンバーグ
P18やP54の肉だねが余った
ら小さく焼いて冷凍しておく
と便利

CHAPTER 4

料理酒オイルで
「まるで居酒屋」な
レシピ

焼き鳥、肉じゃが、きんぴら、豚バラ大根……。お父さんが泣いて喜ぶ
居酒屋メニューを集めました。料理酒オイルを使えば
おうちの料理が、名店居酒屋や小料理屋の逸品料理に大変身です。

鶏手羽のだしで「こくウマ」に!

鶏手羽肉じゃが

材料 (4人分)

・鶏手羽元——4本
・新じゃが——200〜300g
　（※ピンポン玉サイズで8個）
・しらたき——1/2〜1袋
・サラダ油——小さじ2
・料理酒オイル——大さじ3

A
| ・水——400mL
| ・めんつゆ（3倍濃縮）、
|　　みりん——各50mL
| ・醤油——大さじ2
| ・砂糖——大さじ1

・絹さや（茹でたもの）——お好みで

作り方

1 新じゃがは皮付きのまま半分に切る。しらたきは流水でよく洗う。

2 フライパンにサラダ油をひき、強火で鶏手羽元を両面焦げ目がつくまで焼く。新じゃがを加えて、料理酒オイルを回しかけ、蓋をして加熱。

3 水分がなくなってきたら全体を混ぜ合わせてなじませ、**A**を加えて沸騰させる。落とし蓋をしてから蓋をして、中火で10分、さらに弱火で5分煮込む。蓋を取り、しらたきを加えて、強火で3分煮詰める。お好みで半分に切った絹さやをのせる。

しらたきやこんにゃくはアク抜きの必要なし！ 流水でよく洗うだけでOK！

落とし蓋がない場合はアルミホイルで表面を覆って代用を。

ほっくり、じんわり
しみわたる!

魚焼きグリルで名店風の焼き鳥

これが家で作れるなんて、幸せすぎる！

作り方

1 鶏肉を12等分くらいに切ってボウルに入れ、料理酒オイルを回しかけてなじませる。ねぎは12個に切る。

2 鶏皮が表にくるように肉を竹串に差し、持ち手に当たる部分にねぎを差す（焼いた時に串が焦げない！）。鶏肉の両面に塩をふる。

3 魚焼きグリルに入れ、中火で5分、上下を返してさらに5分焼く。ねぎを串からはずし、一緒に皿に並べ、お好みで七味を添える。

鶏肉は少し凍った状態で串打ちするときれいにできる。焼くのは解凍してから。

ジュワっと味のしみたなすがうまい!

≪こんがり≫

京風なすの焼きびたし

【材料】（2人分）

- なす——2〜3本
  （200g）
- サラダ油——大さじ1
- 料理酒オイル
  ——大さじ3
- A ・白だし——50mL
    ・水——200mL
- しょうが（細切り）
  ——お好みで

【作り方】

1 なすは3〜4cm幅の輪切りにし、ボウルの中でサラダ油とよく和えておく。

2 フライパンを強めの中火にかけ、1のなすの両面が少し焦げるまで焼く。料理酒オイルを回しかけ、蓋をして1分加熱、裏返して蓋をして30秒〜1分、さらに加熱。

3 ボウルなどにAを合わせ、2のなすを浸し、冷蔵庫で冷やす。お好みでしょうがを添える。

焼きびたしのバリエーションはP90を参照!

さっと作れると嬉しい小鉢

小松菜と油揚げの煮びたし

材料（2人分）

・小松菜
　　——1束（200〜300g）
・油揚げ——2枚
・料理酒オイル——大さじ3
・水——50mL
・白だし（またはめんつゆ
　　3倍濃縮）——小さじ2
・かつおぶし——お好みで

煮びたしのバリエーションはP90を参照！

作り方

1 小松菜は4cmに切り、葉と軸に分ける。油揚げは電子レンジで30秒加熱し、すぐにキッチンペーパーで挟んで油を吸わせて（1枚ずつ行う）、1cmの短冊切りにする。

2 フライパンを強めの中火にかけ、小松菜の軸・油揚げ・小松菜の葉の順に重ね、料理酒オイルを回しかけ、蓋をして1分半加熱。水と白だしを加え、蓋をしてさらに1分半加熱する。

3 蓋を取り、全体を混ぜ合わせてなじませる。お好みでかつおぶしをかける。

【材料】（2人分）

- 椎茸——大4個（または中6個）
- しめじ——1/8株
- 鶏ひき肉（もも）——150g
- 料理酒オイル——小さじ2
- 塩——小さじ1/4
- 片栗粉——小さじ1と1/2
- サラダ油——小さじ2
- ポン酢——大さじ3
- みりん——大さじ1

  A
- ・柚子胡椒——小さじ1
- ・しょうが（チューブ）
   ——1cm
- ・和風だしの素、砂糖
   ——各小さじ1/4

- 大根おろし——適量

【作り方】

1 椎茸は石づきを落とし、軸のやわらかい部分だけみじん切りに、しめじはやや粗めのみじん切りにして片栗粉をまとわせる。

2 ボウルにひき肉・料理酒オイル・塩を入れてよく練り、**A**を加えてよく混ぜる。**1**も全体にいきわたるように加えて混ぜる。

3 椎茸の傘の内側に片栗粉（分量外）をはたいて**2**の餡を詰める。フライパンにサラダ油をひき、強火で肉の面を1分焼いたら、蓋をして弱めの中火で3分加熱。返して椎茸の面を3分焼く。ポン酢とみりんを加えて絡め、トロっとさせる。大根おろしを添える。

> 椎茸に詰めたら、餡の表面にも薄く片栗粉をふっておく。

ひき肉からも椎茸からもジュワっとうまみが！

柚子胡椒風味の椎茸肉詰め

シャキシャキで、味はしっかり

きんぴらごぼう

【材料】作りやすい量

・ごぼう —— 1本(200g)

> ごぼうはよく洗い、アルミホイルを丸めたものや包丁の背で皮を軽くこそげる。

・にんじん —— 2/3本(100g)
・料理酒オイル —— 大さじ3+大さじ3
・いりごま —— 大さじ1

A
・水 —— 大さじ3
・醤油、みりん、砂糖
　　—— 各大さじ1
・和風だしの素(顆粒)
　　—— 小さじ1/2
・鷹の爪(輪切り) —— 適量

【作り方】

1 ごぼうとにんじんは、長さ6㎝、幅3㎜くらいの細切りにする。

2 フライパンを強めの中火に熱し、ごぼう・にんじんの順に重ねて、料理酒オイル大さじ3を回しかけ、蓋をして2分加熱。トングなどで天地を返して、再び料理酒オイル大さじ3を回しかけ、蓋をして1分加熱する。

3 蓋を取って強火にし、Aを加えて全体を混ぜながら炒める。汁気がなくなったら、いりごまを加えてサッと混ぜ合わせる。

［材料］（2人分）

- 鶏ひき肉（もも）——200g
- 鶏軟骨——4個
  （なくても可。その場合は
  鶏ひき肉を50g増量）
- 椎茸——2個（30g）
- 大葉——6枚+4枚
- 料理酒オイル——大さじ2
- 塩——小さじ1/4
- サラダ油——小さじ1
- A｜・片栗粉——大さじ1
  ｜・しょうが（チューブ）——3cm
- 七味、粉山椒——お好みで

＼＼ バリエーション ／／

- きくらげつくね
  軟骨の代わりにきくらげを
  入れてもコリコリおいしい。

［作り方］

1 鶏軟骨は存在感が残る程度のみじ
ん切りに、椎茸もみじん切り、大
葉6枚は細切りにする。

2 ボウルにひき肉・料理酒オイル・塩
を入れてよく練り、**A**を加えてよく
混ぜ、片栗粉（分量外）をまとわせ
た**1**も全体にいきわたるように加
えて混ぜる。手にサラダ油（分量外）
をつけ、成形しながら2本1組にし
た竹串に刺し4本のつくねを作り、
表面にそれぞれ大葉を張り付ける。

3 フライパンにサラダ油をひき、大
葉を上にしてつくねを入れ、中火
で蓋をして2分焼く。大葉の面を
下にして蓋をしてさらに2分焼く。
お好みで七味や粉山椒を添える。

大葉香る鶏軟骨つくね

コリコリの軟骨がプロっぽい！

蓮根入り鶏団子鍋

シャキシャキ鶏団子が主役のシンプルな鍋

材料 (2〜3人分)

- ・鶏ひき肉(もも) —— 250g
- ・蓮根 —— 1/5節(50g)
- ・ねぎ —— 15cm(50g)
- ・椎茸 —— 3〜4個(50g)
- ・白菜、焼いたねぎなど
  (お好みの具材でOK。セリ、春菊、春雨などでも)
  —— 各適量
- ・料理酒オイル、片栗粉 —— 各大さじ2
- ・塩 —— ひとつまみ

> 僕のおすすめは白菜とねぎだけで「シンプルイズベスト!」。

A
- ・醤油、鶏がらスープの素(顆粒) —— 各小さじ1
- ・こしょう —— ひとつまみ

B
- ・水 —— 1.5L
- ・めんつゆ(3倍濃縮) —— 200mL
- ・みりん —— 100mL
- ・料理酒 —— 50mL
- ・和風だしの素(顆粒) —— 大さじ1

作り方

1 蓮根をビニール袋に入れ、すりこぎなどでたたき小さめに砕く。ねぎ・椎茸はみじん切りにする。

2 ボウルに鶏ひき肉・料理酒オイル・塩を入れてよく練り、**A**を加えてよく混ぜる。軽く片栗粉をまとわせた**1**も加えて、さらによく混ぜ、ピンポン玉サイズの鶏団子を作る。

3 鍋に**B**を入れて沸騰させたら、**2**の鶏団子を入れて、アクを取りながら2分ほど煮る。お好みの具材を入れ、火が通ったら完成。

豚バラ大根

[材料] 作りやすい量（4人分）
- 大根——大1/2本（400g）
- 豚バラ肉（焼き肉用）—— 250g
- ごま油——大さじ2
- 料理酒オイル——大さじ3

A
- ・水——100mL
- ・みりん、醤油、
  　オイスターソース、砂糖
  　——各大さじ2
- ・和風だしの素（顆粒）——小さじ2
- 小ねぎ（小口切り）——お好みで

[作り方]

1 大根は乱切りにする。豚バラ肉は4cm幅に切る。

2 フライパンにごま油をひき、強火で豚肉を炒めたら、大根を加え、料理酒オイルを回しかけ、全体に混ぜ合わせながら炒める。水分がなくなってきたらAを加えて、蓋をして強火で煮詰める。

3 汁気がなくなってきたら蓋を取り、混ぜ合わせながら煮絡める。仕上げにお好みで小ねぎをのせる。

ピーマンの肉詰め

大人風の味わいの定番料理

材料 （2人分）

- ・ピーマン——大3個（または中4個）
- ・豚ひき肉——250g
- ・しめじ——1/8株
- ・玉ねぎ——1/4個（50g）
- ・料理酒オイル、片栗粉——各大さじ2
- ・塩——ひとつまみ
- ・ごま油——小さじ2

A
- ・みりん、醤油——各小さじ2
- ・卵白——1個分

B
- ・めんつゆ（3倍濃縮）、みりん、料理酒——各大さじ3

- ・大根おろし——適量
- ・卵黄——1個分

このとき、餡の表面にも薄く片栗粉をふっておくのを忘れずに。

作り方

1 ピーマンは縦に二つに切り、種などを取る。しめじは粗みじん切りにする。玉ねぎは細かいみじん切りにする。

2 ボウルに豚ひき肉・料理酒オイル・塩を入れてよく練り、**A**を加えてよく混ぜる。玉ねぎと片栗粉をまとわせたしめじを全体にいきわたるように加えて混ぜ、餡を作る。ピーマンの内側に片栗粉（分量外）をはたいて餡を詰める。

3 フライパンにごま油をひき、強火で肉の面を1分焼いたら、水大さじ2（分量外）を入れ、蓋をして弱めの中火で3分、ひっくり返してまた水大さじ2（分量外）を入れ、蓋をしてピーマンの面を3分焼く。最後に強火にして**B**を加え、絡めながらタレを煮詰める。大根おろし・卵黄を添える。

ホンビノス、はまぐり、あさり……、何でもOK！

貝のガーリック酒蒸し

材料（2〜4人分）

・殻付きホンビノス貝 —— 600g
　（あさり、はまぐり、
　ホタテでも可。
　下処理はP59を参照）
・にんにく —— 2かけ
　（またはチューブ6cm）
・オリーブオイル —— 大さじ1
・料理酒オイル —— 100mL
・水 —— 大さじ2
・醤油 —— 小さじ1/2〜適量
・小ねぎ（小口切り） —— お好みで

作り方

1　にんにくは潰しておく。

2　フライパンにオリーブオイルをひき、
　にんにく・貝の順に重ねて、火に
　かける。

3　にんにくの香りがしてきたら、料理
　酒オイルを加え、蓋をする。時折、
　フライパンを揺すり、貝の口が開
　いたら水と醤油を加えて味を調える。
　お好みで小ねぎをのせる。

くたっとした白菜に豚バラのコクが◎

白菜と豚バラの無水煮

材料（2人分）

・白菜――6〜7枚（600g）
・豚バラ肉（薄切り）
　　　――200g
・料理酒オイル――大さじ4

A
・醤油――大さじ2
・和風だしの素（顆粒）
　　　――小さじ1

作り方

1 白菜の芯は縦に1/2に切り、食べやすいサイズにそぎ切りに、葉は大きめにカットして、芯と葉を分ける。

2 大きめのフライパンに、豚バラ肉・白菜の芯・白菜の葉の順で重ね、中火にかける。料理酒オイルを回しかけ、蓋をして5分加熱。

3 **A**を加えてよく混ぜたら、蓋をしてさらに3分加熱。再度よく混ぜ、蓋をしてさらに2分加熱する。

冷めてもパラっとおいしい！ ソーミンチャンプルー

材料 (2人分)

- 素麺——3束(やや太めがおすすめ)
- ピーマン——1個(40g)
- 玉ねぎ——小1/4個(30g)
- にんじん——3cm(30g)
- 椎茸——2個(30g)
- 豚バラ肉(薄切り)——50g
- ごま油——大さじ1
- 料理酒オイル——大さじ2+大さじ1

A
- 和風だしの素(顆粒)、
  鶏がらスープの素(顆粒)
  ——各小さじ1/2
- 塩、こしょう——各ひとつまみ

- かつおぶし——適量

作り方

1 ピーマン、にんじんは5mm弱の薄めの細切り、玉ねぎ、椎茸は薄切りにする。豚肉は1cm幅に切る。フライパンにごま油をひいて、強火で肉を色が変わるまで炒めたら、肉の上に、にんじん・椎茸・玉ねぎ・ピーマンの順に重ね、料理酒オイル大さじ2を回しかけ、1分放置して、いったん火を止める。

2 1と並行して素麺を表示の2/3の時間で茹でて、流水でよく洗い、水気を切る。

3 2を1に加えてよく和えて平らにし、中火にかけて料理酒オイル大さじ1を回しかけ、1分放置。Aを加えたら全体をよく混ぜる。仕上げにかつおぶしをかける。

炒めるというより、和える感じで。

ソース焼きそば

屋台風香ばし

野菜と麺を一緒に炒めてもベチャっとしない！

材料（2人分）

・焼きそば麺——2玉
・豚バラ肉（薄切り）——50g
・キャベツ——2枚（100g）
・サラダ油——小さじ2
・料理酒オイル——大さじ2
・付属の粉末ソース——1袋
・ウスターソース——大さじ2
・こしょう——少々

トッピング
・紅しょうが、かつおぶし、
　青のり——お好みで

\ **動画あり** /

作り方

1 豚肉とキャベツは1.5cm幅に切り、キャベツは葉と芯に分ける。焼きそば麺は電子レンジで2分加熱する。

2 フライパンにサラダ油をひき、強火で肉を炒めたら、焼きそば麺・キャベツの芯・キャベツの葉の順に重ね、料理酒オイルを回しかけ、1分放置。

3 トングで麺が上になるように具材の天地を返し、30秒放置したら、付属の粉末ソース・ウスターソース・こしょうをかけ、全体を素早く混ぜ合わせる。仕上げにお好みでトッピングをする。

天地をひっくり返した直後。少し焦げた麺がおいしい！

材料 (2人分)

- うどん(ゆで) —— 2玉
- 豚バラ肉(薄切り) —— 50g
- キャベツ —— 2枚(100g)
- ねぎ —— 10cm(30g)
- ピーマン —— 1個(40g)
- 椎茸 —— 2個(30g)
- にんじん —— 1cm(10g)
- ごま油 —— 小さじ1
- 料理酒オイル —— 大さじ3
- A
  - 醤油、めんつゆ(3倍濃縮) —— 各大さじ1/2
  - こしょう —— 少々
- かつおぶし —— ふたつまみ

> 麺類はトングで麺を持ち上げるようにして混ぜるのがコツ!

作り方

1 キャベツは幅1cm、長さ5cmに切り、葉と芯に分ける。ねぎは斜め薄切り、ピーマンは横に細切り、椎茸は薄切り、にんじんはマッチ棒ほどの細切りにする。豚肉は1cm幅に切る。うどんを電子レンジで2分加熱しておく。

2 フライパンにごま油をひき、強火で肉を色が変わるまで炒めたら、肉の上に、うどん・にんじん・椎茸・キャベツの芯・ピーマン・ねぎ・キャベツの葉の順に重ね、料理酒オイルを回しかけ、1分放置。

3 トングで麺が上になるように具材の天地を返し、30秒放置したら、**A**を加えて全体を素早く混ぜ合わせる。仕上げにかつおぶしをかける。

和風焼きうどん

昼ごはんにも、飲んだ後のシメにも!

料理酒オイルは小鉢も得意
焼きびたし&煮びたしバリエ

P77の「なすの焼きびたし」や、P78の「小松菜と油揚げの煮びたし」と
同じ要領で野菜を替えれば、「焼きびたし&煮びたし」の
バリエーションが作れます。

丸ごとピーマンの
焼きびたし

ピーマンは種も取らなくてOK。
丸ごと使って。

夏野菜の焼きびたし

パプリカとズッキーニで。冷やして召し上がれ。

みょうがの焼きびたし

丸ごと焼いてから半分に切ってだしにひたして。

チンゲン菜とちくわの
煮びたし

ちくわ→チンゲン菜の茎→葉の順に
重ねて!

CHAPTER 5

料理酒オイルで
無国籍創作料理

クック亭オリジナル！ 幾多の名店を食べ歩き、料理をこよなく愛する
クック井上。が編み出したベストレシピ。こじゃれているのに懐かしい！
そんな絶妙な味を料理酒オイルで作ります！

骨までしゃぶりたい！

てりてり
オイスター鶏手羽

材料（2人分）

- 鶏手羽中——10本（500g）
- ねぎ（青い部分）——2本分
- 塩、こしょう——各少々
- 料理酒オイル——大さじ3
- ごま油——小さじ2
- 水——400mL

A
- みりん——50mL
- にんにく、
  しょうが（ともにチューブ）——各3cm
- めんつゆ（3倍濃縮）、オイスターソース、
  砂糖、はちみつ、醤油——各大さじ1
- 片栗粉——小さじ1

- 白髪ねぎ、粉山椒——お好みで

花椒や七味でも
おいしい。

作り方

1 鶏手羽中は、軽く塩・こしょうを
ふる。ねぎは2.5cm幅に切る。

2 フライパンにごま油をひき、強火
で肉の皮目、裏面の順でこんがり
焼き、周りにねぎも並べてさっと
焼く。料理酒オイルを回しかけ、
蓋をして1分加熱。蓋を開け、肉は
再度ひっくり返し水分をとばす。

3 水を加え、水分が8割がたとぶま
で8〜10分煮込む。ねぎを取り除
いたらAを加えて混ぜ、煮詰めな
がらタレを肉に絡める。お好みで
粉山椒をふり、白髪ねぎを添える。

安い手羽肉が
ゴージャスに！

じゃがいものシャキホク感がベスト!

和風細切り
ジャーマンポテト

材料 (2人分)

- じゃがいも——大1個(150g)
- ソーセージ——2本
- サラダ油——小さじ1
- 料理酒オイル——大さじ2
- A ・コンソメ(顆粒)、
   醤油——各小さじ1
- 黒こしょう——少々
- 刻み海苔——適量

作り方

1 じゃがいもは皮をむき、3mmの細切りにして流水でよく洗い、水気をふきとる。ソーセージは斜め薄切りにする。

2 フライパンにサラダ油をひき、強火でソーセージを軽く炒めてじゃがいもを入れたら、料理酒オイルを回しかけ、1分放置。

3 トングで天地を返して1分放置し、さらに1分炒めたら、Aを加えて30秒ほど全体を混ぜ合わせる。仕上げに、黒こしょうと刻み海苔をかける。

材料 (2人分)

- ミニトマト —— 4個
- ベーコン —— 1枚
- 卵 —— 3個
- にんにく (チューブ) —— 2cm
- オリーブオイル、料理酒オイル
  —— 各大さじ1

A
- マヨネーズ —— 小さじ1
- 塩、こしょう —— 各少々

B
- 粉チーズ —— 小さじ2
- 乾燥バジル
  (または乾燥パセリや
  お好みのハーブ) —— 少々
- 黒こしょう —— ひとつまみ

作り方

1 ミニトマトは半分に、ベーコンは1
cm幅に切る。卵を溶いて**A**を加え、
さっと混ぜる。

2 フライパンにオリーブオイルをひき、
強火にする。溶き卵を流し込んでふ
わっとした半熟卵を作り、取り出し
ておく。

3 同じフライパンにミニトマト・ベー
コン・にんにくを入れ、料理酒オイ
ルを回しかけ、蓋をして30秒加熱。
2を戻し、さっと混ぜる。仕上げに
Bをトッピングする。

トマたまベーコン

トマトとベーコンのうまみが広がる

主菜にもなる食べごたえあるきんぴら

カレー蓮根きんぴら

材料（2人分）

- 蓮根—— 1節弱（200g）
- さやいんげん—— 1/3袋（50g）
- 鶏ひき肉（むね）—— 50g
- サラダ油——小さじ1
- 料理酒オイル——大さじ3
- A ・醤油、酒、みりん、水、砂糖——各大さじ1
- カレー粉——小さじ1
- プレーンヨーグルト（無糖）——大さじ1

作り方

1 蓮根はビニール袋に入れてめん棒などでたたき割り、大きいものは食べやすく切る。さやいんげんはスジを取り4cmに切る。

2 フライパンにサラダ油をひき、強火で鶏ひき肉をほぐしながら色が変わるまで炒める。蓮根を加え1分炒め、少し透明になってきたらさやいんげんを重ね、料理酒オイルを回しかけ、1分放置。

3 トングで天地を返し、Aを加えて全体を混ぜながら炒める。汁気がなくなってきたらプレーンヨーグルトとカレー粉を加えて炒め合わせる。

材料（2人分）

・小松菜 —— 1束（300g）
・ねぎ —— 7cm（20g）
・にんにく、
　　しょうが（ともにチューブ）
　　　—— 各2cm
・塩辛 —— 30g
・ごま油 —— 大さじ1
・料理酒オイル —— 大さじ2
・ポン酢 —— 大さじ1
・塩、こしょう —— 各少々

作り方

1 小松菜は5cmの長さに切り、葉と軸に分ける。ねぎは斜め薄切りにする。

2 フライパンにごま油をひき、にんにく・しょうが・塩辛を強火で炒める。塩辛にほぼ火が通ったら、ねぎ・小松菜の軸・葉の順に重ね、料理酒オイルを回しかけ、1分弱放置。

3 トングで天地を返し、ポン酢を加えて混ぜ、塩・こしょうで味を調える。

残り物の塩辛がいい仕事を！

小松菜塩辛炒め

\\ バリエーション //

・**春キャベツの塩辛炒め**
小松菜を春キャベツに替えて。その際はごま油をオリーブオイルに替えてしょうがを除く。ブロッコリー、カリフラワーで作ってもおいしい。パスタソースにしても！

セロリと鶏むね肉のナンプラー炒め

歯ごたえが残りつつ味がしみたセロリが最高!

材料（2人分）

・鶏むね肉 —— 1/3枚（100g）
・セロリ
　　　 —— 1と1/2本（150g）
・料理酒オイル
　　　 —— 大さじ1+大さじ2
・片栗粉 —— 小さじ2
・ごま油 —— 小さじ2
・鷹の爪（輪切り）—— 1/2本

A
・ナンプラー —— 小さじ2
・レモン果汁 —— 小さじ1
・砂糖 —— ひとつまみ
・にんにく（チューブ）
　　　 —— 2cm
・こしょう —— 少々

作り方

1 鶏肉は薄くそぎ切りにして料理酒オイル大さじ1をもみ込み、片栗粉を薄くまとわせる。セロリは斜め薄切りにする。

2 フライパンにごま油をひき、中火で肉を両面1分ずつ焼く。肉の上に、鷹の爪・セロリの順に重ねて強火にし、料理酒オイル大さじ2を回しかけ、1分放置。

3 トングで具材の天地を返し、30秒放置したらAを加えて全体をサッと混ぜる。

砂肝の下処理不要で簡単おいしい！

椎茸と砂肝の黒こしょう炒め

材料 （1〜2人分）

- 椎茸──8〜10個(100g)
  （マッシュルームでも可）
- ねぎ──5cm(15g)
- 砂肝──100g

> 砂肝の代わりに、鶏もも肉や鶏せせりでもおいしい

- ごま油──大さじ1
- にんにく、しょうが（ともにチューブ）
  ──各2cm
- 料理酒オイル──大さじ2
- **A** ┤ ・オイスターソース──大さじ1
  ├ ・鶏がらスープの素（顆粒）
  └   ──小さじ1/2
- 黒こしょう──少々
- 一味唐辛子──お好みで

作り方

1 椎茸は石づきの硬い部分を切り落とし、4等分に切る。ねぎは斜め薄切りにする。砂肝は銀皮がついたまま5mm弱の薄切りにする。

2 フライパンにごま油をひき、強火でにんにく・しょうが・砂肝を炒める。砂肝に8割ほど火が通ったら、ねぎ・椎茸の順に重ね、料理酒オイルを回しかけて1分放置。

3 トングで具材の天地を返して30秒放置したら、**A**を加えさっと混ぜ、仕上げに黒こしょうと、お好みで一味唐辛子をふる。

鶏ときのこの ガリバタ炒め

大人も子供も大好きな間違いなしの味！

材料（2人分）

- 鶏もも肉 —— 1/2枚（140g）
- しめじ —— 1株
- ねぎ —— 5cm（15g）
- ごま油 —— 小さじ1
- 料理酒オイル —— 大さじ2
- **A**
  - 水 —— 大さじ2
  - 醤油、みりん、ポン酢 —— 各小さじ2
  - 鶏がらスープの素（顆粒） —— 小さじ1/2
  - にんにく（チューブ） —— 2cm
- バター —— 5g
- 塩、こしょう —— 各適量

作り方

1. 鶏肉は6等分に切る。しめじはほぐし、ねぎは斜め薄切りにする。

2. フライパンにごま油をひき、強めの中火で鶏肉の皮目を下にして色付くまで焼いたら裏返し、さらに1分焼く。肉の上にねぎ・しめじの順に重ね、料理酒オイルを回しかけ、蓋をして1分加熱。

3. 蓋を取って強火にし、トングで具材の天地を返して30秒放置。**A**を加えて全体的に混ぜ合わせ、蓋をして1分加熱。蓋を取り、全体を混ぜ合わせながら水分をとばして煮詰める。最後に、バターを加え、塩・こしょうで味を調える。

材料（2人分）

- 牛カルビ肉（焼き肉用、ロース肉でも可）
    —— 150g
- ししとう —— 8本
- 玉ねぎ —— 1/4個（50g）
- ごま油 —— 小さじ1〜2
- 料理酒オイル —— 大さじ2
- 塩、こしょう —— 各ひとつまみ

A
- 醤油、みりん —— 各小さじ2
- 豆板醤 —— 小さじ1
- にんにく（チューブ） —— 2cm

- 黒こしょう —— たっぷり
- 粉山椒（花椒でも可） —— お好みで

> ししとうは、穴をあけておくと、炒めた時に破裂しない！

作り方

1 牛肉は一口大に切る。ししとうはヘタをとり、包丁などで穴をあけておく。玉ねぎは薄切りにする。

2 フライパンにごま油をひき、強火にして肉を入れて塩・こしょうをふり、両面をさっと焼く。肉の上に、玉ねぎ・ししとうの順に重ね、料理酒オイルを回しかけ、1分放置する。

3 トングで具材の天地を返して30秒放置したら、Aを加えて、汁気がなくなるまで混ぜながら炒める。仕上げに黒こしょうと、お好みで粉山椒をふる。

黒こしょうの風味がたまらない！

牛肉としとうの豆板醤炒め

和クアパッツァ

和風に進化したイタリアン!

残ったら、パスタソースにしてもおいしい!

材料（4人分）

- ・鯛の切り身 —— 2切れ
  （タラなどお好みの白身魚でも可）
- ・殻付きあさり —— 8個（殻付きホンビノス貝やはまぐり4個でも可。殻付き貝の下処理はP59を参照）
- ・カリフラワー —— 1/4個（100g）
  （ブロッコリーでも可）
- ・ミニトマト —— 4個
- ・にんにく —— ひとかけ
  （にんにくチューブ2cmでも可）
- ・料理酒オイル —— 大さじ2+大さじ4
- ・水 —— 150cc
- ・昆布茶（顆粒の昆布だしでも可）
  —— 小さじ1/2
- ・塩、こしょう —— 各少々
- ・大葉（みじん切り）—— 適量
- ・レモン —— お好みで

作り方

1 鯛に料理酒オイル大さじ2をかけ、10分なじませてキッチンペーパーで水分をふきとる。カリフラワーは食べやすい大きさに切る。にんにくは包丁で潰す。

2 フライパンに、にんにく・鯛・あさり・カリフラワー・ミニトマトの順に重ね、料理酒オイル大さじ4を回しかけ、蓋をして強火にする。

3 沸騰したら水と昆布茶を入れて蓋をして再度沸騰させる。4分蒸して貝の口が開いたら味見をして、塩・こしょうで味を調える。仕上げにみじん切りの大葉をかけて、お好みでレモンを添える。

イカげそとかぶのオイナン炒め

オイスターソースとナンプラーがベストマッチ

材料（2人分）

・イカげそ —— 150g
・かぶ —— 3個（200g）
・にんにく、しょうが
　　（ともにチューブ）——各2cm
・ごま油 —— 小さじ2
・料理酒オイル —— 大さじ2

A
　・オイスターソース
　　　—— 小さじ2〜大さじ1
　・ナンプラー
　　　—— 小さじ1（醤油でも可）
　・こしょう —— 少々

・小ねぎ（小口切り）—— お好みで

作り方

1 イカげそは2〜3本ずつに切る。かぶは1.5cm幅のくし切りにする。

2 フライパンにごま油をひき、強火でかぶの両面に焼き目をつける。にんにく・しょうが・イカげそを加え、イカの色が変わったら料理酒オイルを回しかける。

3 混ぜながら炒めて、水分がなくなったら**A**を加えて煮絡める。お好みで小ねぎをのせる。

アジアン檸檬焼きそば

アジアの香りが食欲をそそる

材料（2人分）

- ・焼きそば麺——2玉
- ・豚バラ肉（薄切り）——50g
- ・もやし——1/4袋
- ・サラダ油——小さじ1
- ・料理酒オイル——大さじ3
- A
  - ・レモン果汁、ナンプラー
    ——各大さじ1
  - ・砂糖——小さじ1/2
- ・桜えび、一味唐辛子、
    パクチー——各適量
- ・カットレモン——1/8個分

作り方

1 豚肉は1.5cm幅に切る。パクチーは食べやすい長さに切る。焼きそば麺は電子レンジで2分加熱する。

2 フライパンにサラダ油をひき、強火で肉を色が変わるまで炒め、肉の上に麺、もやしの順に重ねて、料理酒オイルを回しかけ、1分弱放置。

3 トングで麺が上になるように天地を返し、Aを加えてよく混ぜる。仕上げに桜えびと一味唐辛子をのせ、パクチーとレモンを添える。

夜食にもおすすめのヘルシーおじや

ツナとエリンギの ジンジャートマト おじや

【材料】（2人分）

- ・ご飯——お茶碗1杯分（150g）
- ・エリンギ——小1本（15g）
- ・玉ねぎ—— 1/8個（25g）
- ・しょうが——薄切り4枚
- ・ツナ缶（オイル漬け）—— 1缶（80g。
  半分をトッピング用に取り分ける）
- ・カットトマト缶
  —— 1/2缶（200g）
  （潰しておく。P62を参照）
- ・料理酒オイル—— 大さじ2

  A ・水—— 200㎖
  ・醤油——小さじ1/2
  ・塩、こしょう——各ひとつまみ
- ・オリーブオイル、粉チーズ
  ——各小さじ2
- ・黒こしょう——少々

【作り方】

1 エリンギは3cm×1cmに切り、玉ねぎは薄切り、しょうがは極細切りにする。

2 小鍋に玉ねぎ・エリンギの順に重ねて料理酒オイルを回しかけ、強火で1分放置。

3 さっと混ぜ合わせたら、ツナ缶の半分・トマト缶・しょうが・ご飯と**A**を加え、焦げ付かないように混ぜながら煮詰める。スプーンで持ち上げてぼとっと落ちるぐらいになったら、仕上げにオリーブオイルをかけ、トッピング用のツナをのせ粉チーズと黒こしょうをふる。

飲んだシメに出てきたら超嬉しい！

あさりと春菊のチャーハン

材料 （2人分）

- ご飯——お茶碗大盛り2杯強分
  （400g）
- 冷凍むきあさり—— 50g
  （下処理はP16を参照）
- 春菊—— 1/2束（100g）

> 春菊の代わりにほうれん草やセリなどで作ってもおいしい！

- サラダ油——小さじ1
- 料理酒オイル
  ——大さじ1＋大さじ2

A
- 醬油——小さじ1/2
- かつおぶし——ふたつまみ
- 塩、こしょう
  ——各ひとつまみ

作り方

1 春菊の茎は5mmの小口切りに、葉は粗みじん切りにする。

2 フライパンにサラダ油をひき、強火にしたら下処理したあさりを入れて、さっと炒める。温かいご飯を加え、料理酒オイル大さじ1を回しかけ、ヘラなどでほぐす。

3 春菊の茎・葉の順に重ね、料理酒オイル大さじ2を回しかけ、30秒放置したらほぐしながらひと混ぜする。**A**を加えて全体的に混ぜ合わせる。

おわりに

　皆さん、最後まで読んでくださりありがとうございます。

　お気に入りのお料理は見つかったでしょうか？　そして料理酒オイルのすごさを実感していただけたでしょうか？

　我が家のキッチンにはいつも料理酒オイルのボトルが置いてあり、ほとんど毎日のお料理に使っています。もう僕にとってなくてはならない調味料です。

　料理酒オイルは万能ゆえに、毎日のどんなお料理にも自由に使えるものですが、今回、出版のお話をいただき、より多くの方に料理酒オイルの効果と万能さを実感していただくために、誰もがホッとできて郷愁をそそられる「定番料理」のレシピを中心に掲載することにしました。

　「町中華」「洋食屋」「居酒屋」など、町で何十年も愛されているお店を食べ歩くのが趣味な僕が、ありとあらゆるお店からインスパイアを受け、誰もがホッとできるレシピに仕上げています。「なかなか家ではお店のようには作れない……」と諦めていたお料理も、料理酒オイルのおかげで、ワザいらずで驚くほど上手に作ることができるはずです。

　ただ僕は、この本のレシピだけが正解だと思っていません。

「ホッとできる味」というのは、お一人お一人の思い出や食べるシーンによって違うはず。ぜひ、皆さんのいつもの味付けの普段のお料理にも料理酒オイルを取り入れてみてください。

　今までの味を壊すことなく、よりおいしくしてくれますよ♪

「料理酒オイル」は"シン・万能調味料"であり"家庭料理革命"であると自信をもってオススメします。

　本書が、皆さんのキッチンと食卓を、今よりもっと幸せにしてくれることを願っています。

クック井上。

材料別さくいん ＊このさくいんは代替材料からもひけるようになっています。

ご飯・麺・小麦製品

クック井上。（くっくいのうえ）

料理芸人。お笑いコンビ「ツインクル」のツッコミ担当。神戸出身。芸能界や人生の先輩たちに連れていってもらった名店の味を自宅でも再現できないかと、若い頃から料理に励み、その過程で、魔法の万能調味料「料理酒オイル」を生み出す。芸人活動の傍ら、フードコーディネーター、食育インストラクター、野菜ソムリエ、こども成育インストラクター、ＢＢＱインストラクターなどの資格を取得。「喋れて、作れて、楽しく教えられる料理芸人」としての道を歩みだすやいなや、料理関係の仕事の依頼が殺到。テレビ、ラジオなどの食番組、料理イベントの料理講師やMC、レシピ開発などで幅広く活躍中。得意分野は、理由のある「時短・簡単・手抜き・ズボラ」料理。DVDに『あいつの料理はテキトーに４、５分でザックリ作ってるのに、かなり美味い。』（グラジオラス）がある。本書が初めての著書となる。

魔法の万能調味料　料理酒オイル
いつもの料理が突然プロの味！感涙レシピ100

2023年6月13日　第1刷発行

著者　　クック井上。
発行所　ダイヤモンド社
　　　　〒150－8409　東京都渋谷区神宮前6-12-17
　　　　https://www.diamond.co.jp/
　　　　電話　03-5778-7233（編集）　03-5778-7240（販売）

ブックデザイン　岡 睦（mocha design）
撮影　鈴木泰介（料理）、松園多聞（人物、工程、動画）
イラスト　てらい まき
校正　島月拓、鷗来堂
DTP　エヴリ・シンク
製作進行　ダイヤモンド・グラフィック社
印刷／製本　ベクトル印刷
編集協力　白鳥美子
編集担当　井上敬子